川の道

川の道

宮本常一

八坂書房

目次

一　総論

川の利用

川漁と狩

川が日本人にどのようなかかわりあいをもっていたかについて考えてみたい。日本には大陸に見られるような悠揚せまらざる川というようなものはない。したがって、大きな汽船の通航している川は一本もない。そして、その上流や中流は山岳の間を縫うて急流をなし、峡谷をつくっているものが多い。

しかし、この川も人間が生きていく上に実に大きな役割を果たしてきた。田畑をうるおし、飲料水を供給し、交通路になり、また魚介をわれわれに提供した。海岸地方の文化が山奥深くはいりこんでいったのも、川筋をたどっているものが少なくないし、山間の物資が海岸地方へ送り出されるのも、川を利用した場合がきわめて多かった。そうしたことについて反省してみたいのが本書の目的である。

川筋を伝って文化が奥地へはいってゆくというのは、そこを人が通って奥地へはいっていったと言っていい。いろいろの困難を克服しながら、人びとは自分たちの夢を拡大し、また可能性の限界をためしてみるために、その生活領域を拡大していった。もともと人間はより住み易い地を求めていったものが多いのであろうが、それとは別に、そこに人が住めるということになると、どのように条件がわるくてもそれを克服してそこに住むことを辞さなかった。世界のすみずみにまで人が住んだのはそのためであった。日本についてみても、どんな山の奥にも、地の果てにも、また沖の小島にも人は住みついている。

そうした中にあって、川のほとりにはそのはじめ、とくに人が多く住みついたように見うけられる。ずっと古く二〇〇〇年あまりもまえ、日本人が縄文土器を使っていた頃、人はすでに日本の平野にも山地にもゆきわたって住んでいたことが、その遺跡や遺物からうかがわれることであるが、東北地方では川の流れに沿うて遺跡が多い。多分は、川をさかのぼって来るサケやマスをとって食料にあてたためではなかろうかと言われているが、その通りであっただろうと思う。魚をとることは、鳥や獣をとるよりは容易であった。網を持っておればそれで囲んでとることもできたし、餌を用いて釣りとることもできる。またヤスのようなもので突きとることもできる。少し工夫して筌のようなものを仕掛けておけば、あとは手を下さなくても魚は筌の中へはいって出ることがなかった。狩猟を行なっている人たちも、同時にまた漁撈を行なったものであった。古くから狩猟を行なってきた人たちの子孫が、東北地方にはまだ諸所に住んでいる。秋田県仙北郡西木村檜木内（現・仙北市西木町桧木内）というところにも、昔はかなりの数のマタギが住んでいたようで、この村の一番奥の戸沢というところでは、毎冬かなりの数の熊もとれている。そして、冬は熊を追うて近隣の村々の山地を狩してあるくことも多い。しかし、夏から秋にかけては川漁に従うものがあったという。それも鵜を使って魚をとることが多かった。檜木内川や玉川にはアユが多く、そのアユをとるのに鵜を使った。

マタギたちが魚をとる話は、越後塩沢の文人鈴木牧之の『秋山紀行』に見えている。越後津南から南へ信濃川の支流中津川をさかのぼっていくと、秋山というところがある。昔は山奥の僻地として知られていた。鈴木牧之は文政一一年（一八二八）九月、その秋山へ旅したことがあった。その秋山で秋田のマタギに会っている。秋田の城下から三里ほど距たった山里に住んでいるという。そこから秋山へやってきて、獣狩をするばかりでなく川漁をもやっている。川には岩魚が多く、それをとって草津の温泉へ売りにゆく

秋山郷

という。夜分は松明を焚いて網を投じ、昼間は鉤を用い、またヤスや釣竿も用いてとる。

マタギが川漁をする話は越後魚沼の山中なども同様であった。そのあたりはマスが川をのぼってきた。つまり狩猟を行なう者が川漁を行なうのは、もとはきわめてあたりまえのことであった。

しかし、西南日本では川漁を行ないつつ山中を放浪する仲間もいた。その人たちのことをサンカといった。昭和二〇年以前には旅をしているとき、よくこの仲間に会うことがあった。多くは川原や川のそばの岩の下に小屋掛けをして川魚をとっていた。川魚をとるといっても釣針を用いることはほとんどなくて、たいていはヤスで突くか、鉤でひっかけていた。そしてウナギやコイをとるのが巧みであったから、もとはマタギのように狩猟も行なっていたのではないかと思われる。近頃この仲間にほとんど会わなくなったのは、しだいに他の職に転じていったからであろう。

鵜飼

鵜を使って川魚をとることは、長良川の鵜飼がもっとも知られているが、そのほかにも広島県三次や山口県岩国、大分県日田などでも観光用に行なわれている。しかし、明治時代まではもっと広い範囲で行なわれていた。私の記憶にあるだけでも、秋田県の玉川、檜木内川、福島県の夏井川、山梨県は県下の各河

肱川の鵜飼

川で昭和初めまで行なわれていた。静岡県では伊豆の狩野川や富士川で行なわれていたし、福井県の九頭竜川上流や、敦賀の疋田川などでも行なわれていた。近畿では三重県伊賀盆地がある。それらの鵜漁は多く、徒鵜《かちう》であった。船で鵜を使うのは四国に多く、吉野川・物部川・仁淀川などはいずれも船に乗って鵜を使った。島根県の高津川も同様であった。こうして川漁に鵜を使う地は少なくなかったが、それにもいろいろの方法があり、鵜にアユをのませ、それを吐き出させてとるものもあれば、川に網を張っておいて、鵜で魚を網の中に追いこんでとることも行なわれた。

しかし、鵜で魚をとる人たちはそれほど多くはなかった。そして藩制時代には藩主たちに保護されているものが多かった。明治になって、川の沿岸の百姓たちが川漁をはじめるようになると鵜飼たちは百姓から目のかたきのようにされて川漁をやめていった者が多かった。

いずれにしても、水田に石灰をつかったり、農薬を使ったりすることのなかった頃には、川魚はたくさんいて、それが海魚の入手しにくい山間地方では重要な蛋白資源になっているところが多かった。新潟県信濃川の支流破間川《あぶるま》の流域では、川へマスがのぼってくる頃になると、村々の者がそれぞれ地域を定めて網を張り、鵜竿といって竹竿のさきに鵜の羽をつけたもので魚を網の中に追いこんでとり、それを仲間で分け、腹をひらいて臓腑を出し、これに飯をつめて薄塩をし、桶に入れて蓋をして重《おもし》をのせておく。一カ月もそのままにしておくと、飯は酸化して味のよい鮓《すし》ができる。そういう桶に、四つも六つも鮓が詰められているのを見たことがある。

岡山城と旭川

川と城下町

川はなんといっても交通輸送路として多く使用された。山中の物資が海岸地方へ送られる場合に川を利用する例は多く、薪炭材は川船を利用して搬出した例が少なくなかった。大きな城下町が川の中流や下流につくられたのも、城下町に住む武士や町人の家で使用する薪炭材の供給を考えてのことではなかったかと思う。弘前・秋田・鶴岡・盛岡・仙台・水戸・江戸・長岡・金沢・福井・静岡・名古屋・和歌山・大坂・姫路・鳥取・松江・岡山・福山・広島・萩・徳島・久留米・熊本などはその好例である。そのほかの大きな城下町も船で薪炭を運ぶのに容易なところに見られた。津・福岡・鹿児島などがそれであるが、そういう例はむしろ少ない。このように城下町を作るにあたって、川がいかに重要視されていたかを知ることができる。と同時に川が山中の村と城下町をつないでいたのであるが、川はまた山と海をつないでいたのである。西日本の川は急流が多いが、東日本の川は広い平野の中を流れるか、または上流に大きな盆地を持っていて、水量がゆたかで上流まで船の通ったものが少なくない。岩木川・米代川・雄物川・最上川・信濃川・北上川・阿武隈川などはそれで、それぞれ流域の盆地や平野で生産された米は川口の港におくられ、そこから帆船で大坂や江戸に輸送されたのである。

港の賑わい(『秋田風俗絵巻』より)

川口の港

山形県米沢付近の米は、陸路を山をこえて福島まで運ばれ、そこから阿武隈川を川船で川口の荒浜へ出されて帆船に荷積されるか、または荒浜から海岸に沿うて松島湾まで掘られた貞山堀を通って、湾内の寒風沢島で帆船に積んで江戸へ送られたという。今日では想像もつかないような、曲がりくねった輸送路であるが、川と海を利用することによって、このような輸送も成り立っていたのである。北上川は、明治初年モールス教授が、北海道からのかえりに下った記録が残っており、物資ばかりでなく、人もまたこの川を利用した。

日本海に流れ出る川の多くは米の輸送につかわれ、川口にはみな繁栄した港があった。十三・能代・土崎・酒田・新潟・岩瀬・新湊・三国などがそれで、それらの川港から大坂や江戸へ送られた米は二百万石にものぼったといわれている。だから川に沿う町や村は直接大坂や江戸につながっていたともいえる。山形県河北町谷地の念仏講帳を見ると、大坂の米相場が克明にしるされている。大坂の米の値が、遠くはなれた山形盆地の町にも大きな影響を与えていたのである。

川はその流域の町や村へ遠い世界の文化をもたらした。瀬戸内海で作られた塩が、東北の日本海側の村々へ早くから行きわたるようになったのも、やはり川船の利用によるものであった。秋田県横手地方の旧家の昔の衣類を見せてもらうと、意外なほど大坂や京都で作られたものが多かった。やはりみな船で運ばれたものであった。

私は陶器や磁器に興味をもっているが、新潟県、山形県などの山間地方に、九州の有田や唐津で作られたものが多い。やはり帆船で川口の港まで運ばれ、そこから川船で奥地へもたらされたものであった。一本の川が海まで続いているということで、海から奥地までもたらされた文化はいろいろあった。

天明八年（一七八八）正月に京都に大火があって、東本願寺も焼けた。その再建のための材木を得るために各地をさがした。そしてついに長野県南信濃村、当時遠山といわれた地方に良材のあることを見つけ、そこで伐った材木を天竜川を利用して川口の掛塚におくり、掛塚で帆船に積みかえて大坂へ運び、淀川をさかのぼって、京都にもたらした。

京都と南信濃は遠くはなれていて一見なんのかかわりあいもないようにみえるが、実はちゃんとつながりをもっていたのである。しかも、このつながりはそのまま切れてしまったのではなく、明治になって南信濃が村財政窮迫のために山地立木の伐採権を他へ売ることになった。これを買ったのが本願寺であった。本願寺は後これを王子製紙に売り、明治末から昭和初期へかけてのおよそ三〇余年にわたる大伐採が行なわれることになる。一本の川が京都とこの山中をつないでいたのであった。

山中の金比羅信仰

その南信濃には所々に秋葉大権現や金比羅大権現の大きな石碑を見かけることがある。金比羅山は四国にある。航海の神として船人たちに尊崇されて、江戸時代にはずいぶん繁昌した。この山中からもそこに参詣した人が少なからずあり、石碑が建てられたのであろうが、村人が金比羅講をひらいて集まったとき、金比羅樽を流したものである。小さい樽の中に仲間からあつめた賽銭を入れ、金比羅大権現と書いた幟《のぼり》をたてて川に流すのである。その樽は途中岩などに突き当たってこわれることもあったであろうし、また川口まで流れ出て遠く外海へ漂っていったものもあるであろうが、航行している船がそれを見かけると、拾いあげてその樽をなんらかの方法で金比羅まで届ける風習があった。私も昭和の初め頃、瀬戸内海を汽船で航行していて、この金比羅樽を見かけたことがあった。定期船であるから船をとめて樽を拾うこともしなかったが、通りあわせたどの船かに拾われて金比羅へ届けられたのではなかろうかと思った。内海ならば樽を流しても拾われる割合は多いだろうと思うが、山中の川に流したものは、その大半がこわれたり行方不明になってしまうだろうと考える。ところが老人たちの話によると、その流した中のいくつかが金比羅へ届けられて、お宮の寄進帳にそれが書きとめられていたというのである。そしてまたそうした不思議さが、この神への信仰にもつながり、山中の人びとをしてはるばる四国への旅をさせることにもなった。そして山中に住んでいても、その生活は決してとざされきっていたのではなかった。山坂をこえる道を利用して外の世界に結ばれていることもあったであろうが、このように川によって結ばれた村が意外なほど多かったようである。

金比羅宮に奉納された金比羅樽

倉賀野河岸由来碑

北アルプス乗鞍岳の東麓にある奈川という村は昔から板屋根の材料である榑《くれ》木をたくさん出したところで、その多くは梓川・信濃川によって越後地方にまで出されたというが、別にまた牛の背によって中仙道を利根川の上流倉賀野という所まで運び、そこから川船で利根川を下って江戸まで送ったという。その量もおびただしいもののようである。屋根が瓦に葺きかえられるまで町家は板葺が多かったのである。そしてこの榑木の輸送が縁で、古くから江戸へ稼ぎに出る者があった。

川船

道路や汽車が発達し、また川には発電所のダムができて、河川の交通はしだいに断ち切られてゆくが、そのような変化のおこってくる大正の終り頃までは、川のほとりに住み、川を生活の場にして暮らしている者が多かった。そしてその人たちが山と海とをつないでいたのであるが、そのためには船が多く利用された。その船はたいてい山中の巨木を用いて造ったもので、その初めは丸木船が多かった。今日川を上下する丸木船は見かけなくなったが、昭和二〇年以前には田沢湖・諏訪湖・新潟県三面川・四国の吉野川ではまだ使用されていた。しかし大きな船材が不足するようになると、二枚か三枚の剞った板をつぎあわせて作った船が用いられるようになる。長良川の鵜飼に使用している船はこれであって、これは船も丈夫、底広く船べりは高く造ってあるので安定しており、急流にはこの船が多く使われた。そして鵜をつかわず荷を運ぶ場合にもこの船を鵜飼船といった。木曾川・天竜川・富士川をはじめ、東北地方の川にも鵜飼船の用いられていたところはいくらもあった。

琵琶湖なども刳船型の船が後々まで使われていて、これをマルコといった。マルコは北岸の今津や海津などから大津まで荷を運ぶのに多く使われたものであった。

大淀川のダム

関東平野は街道もよく発達して馬の背によって物資が多く運ばれたが、川の利用も盛んで那珂川・霞ケ浦・北浦・利根川・鬼怒川・渡良瀬川・江戸川・荒川などには河岸《かし》とよばれる港が多く、那珂川を除いては、それらの川は中流のどこかでつながって、下野の国からでも川船のみを利用して江戸まで来ることができたという。その川船ももとは丸木船型のものが多かったようで、これをボウチョウとよんでいた。その船が底の広く浅いヒラタに改良されて、流れのゆるやかなところでは多く使われていた。これに屋形をつけた客船も利根川・江戸川・荒川には多くつかわれ、川越と江戸を結ぶ新河岸川はとくにこの屋形船が多く、宵に川越を出れば、朝は浅草へつくので、川越の夜船とよんで利用する者が絶えなかったという。

ヒラタは東北地方の諸川にも多く使われていた。

関西の諸川は流れが急で、それに河岸、川底に岩石が多かったので、少々岩にぶつかってもこわれないように丈夫につくり、船子の一人が舳にいて棹で岩を避けつつ操作した。この型の船を高瀬船とよび、したがって高瀬船は西日本の川に多かった。この船はその初め、京都の高瀬川で使用されていたのでこの名があるといわれる。

そのほか川船には、その川の状況によっていろいろ型があり、また名も異なっていた。大和川などでは魚簗船・剣先船・柏原船・上荷船など、一つの川にさまざまの船が往来していたものである。そしてそれらの船は、ほとんど川の沿岸で作られていた。ずっと古くは、大きな川の上流のどこかで海洋を航行する船すら造られていたのではなかったかと思っている。

山から海へ

中国に渡航した遣唐使船すら、その造船が近江・丹波・備中などにも割りあてられているのは、山中で造って川を曳いて下り、海岸で艤装したものではないかと思っている。日本の古い型の船の底が平らなのは、水深の浅いところを航行することが多かったからではなかろうか。そして日本の造船は、その初めは川のほとりではなかったかと思う。日本で古く構造船を造った人びとを猪名部といった。猪名部の人たちは猪名川のほとりに住み、猪名川は大阪の西で海に入る神崎川の支流の名であった。今は川床も浅く船の通うような川ではなくなっているが、その昔はかなりの水量もあって、その沿岸に外洋船をつくる造船所もあったのである。川の中流や下流ならば造船のための材木を入手するのがもっとも容易であった。

このようにして、日本で古く用いられた航洋船は川船型がしだいに大型化していったものが多かったのではなかろうか。これにはなお多くの検討の余地があるが、私など海から山へ入りこんでいった文化のほかに、山から海へ押し出されていった文化もあって、船の中には山中型のものがもとは大きな比重をしめていたのではないかと思っている。

渡船

このような船のほかに、川にはもう一つちがった形の船があった。それは、渡船であった。川は船で上下する者にとっては大切な交通路であったが、これを横切る者にとっては障害になることが多かった。その障害は今日では橋が架けられて多くは解消しているが、もとは橋がなく、渡船を利用したところが多い。

渡船

とくに関東の川は、江戸防備のためであったか、橋がきわめて少なく、多摩川・荒川・利根川など、ほとんどが、渡船によって対岸に結ばれていた。その船には鵜飼船・ヒラタ船・高瀬船などの使用されているものもあったが、後々まで丸木船を使っていたところが少なくないし、土地によっては簡単な箱形の船の使われているものもあった。四国の仁淀川や四万十川の渡船は、昭和二〇年頃まではこの形の船であり、九州でも箱形を見たことがある。天竜川や木曽川の渡船も、箱形のものが多かった。箱形といっても、幅や長さの上にいろいろの差があった。が、舳と艫の見分けのほとんどつかないようなものであった。つまり割竹形の丸木船を祖形にして、箱形に造られるようになったのではないかと思う。

もとはこうした船を利用して川漁なども行なっていたものもあるだろうが、そうした人たちが後には、渡守などになったものか、渡守をするような人たちは、百姓をする者がほとんどなく、川漁が上手であったり、客のないときは竹細工や藁細工などをして暮らしをたてている者が多かった。しかもその技術に巧妙をきわめたものが少なくなかったのは、伝統の古さをうかがうに足りた。もうそういう人たちに逢うことはなくなったが、昭和二〇年頃までは、各地で渡守の世話になったことがある。そしてそれは中部地方から九州にいたる間、ほぼおなじような生活のたて方をしていたのである。この人たちこそ、古くから川を生活の場にしてきた仲間の名残りではなかろうかと考えてみたことがある。

川堤

川はもと堤防のないものが多く、洪水があると平地を水で覆った。そして洪水の被害は記録に残るだけでもおびただしいものであった。それを川のほとりに少しずつ堤防をつくって災害を防いでいった。その堤防すらも人が肩でかつぎ、背で負って土を運んだもので、理想的な高さにするのは容易ではなかった。そこで初期の堤には川に沿うて雁行形に作られた堤が少なくない。これを霞堤とも信玄堤ともいっている。武田信玄がはじめたのだという口碑がある。川水があふれてくると、堤と堤の間から耕地へ浸水してくるが、水勢が弱まるようにしてあるので耕地のいたむことも少ないし、堤防のいたむことも少ない。

しかし理想としては浸水しないことである。それには曲がりくねった流路を変えることも必要で、徳川幕府は鬼怒川・小貝川・利根川の付けかえ、江戸川の付けかえなどを行ない、ほぼ今日見られるような水系をつくりあげていく。これは一七世紀の初め頃の工事であった。

濃尾平野の木曾川・長良川・揖斐川の治水工事もまた流路を変え、堤防を高くし、水害をなくすることを目的とし、この工事を施工した薩摩藩の負担は四〇万両にのぼり、その責任を負うて工事を担当した平田靱負は宝暦五年（一七五五）五月二五日、工事場で切腹して果てている。そのほか工事失敗の責任を負うて自殺した者の数は多かった。

大阪平野における大和川の付けかえなども洪水を防ぐための意図に出たもので、土木技術の発達にともない、しだいに洪水の災害からものがれるようになっていった。しかし堤防を高くすることによって、川はしだいに沿岸の人びとの生活から離れていったことも大きかった。

ダムが形状を変えた川（山梨県奈良田）

ダム

さらに水力発電を目的としたダム工事がおこされることになって河川交通は寸断され、陸上交通にきりかえられていったのだが、昭和二〇年以降は国土総合開発の名のもとに、山間に大型ダムの建設がすすみ、その地域に久しく住みつづけてきた人たちの移住が強行され、そのあとに多くの人造湖が出現した。それらは電力や用水、飲料水を、もと川とはかかわりあいの少なかった人たちに供給するようになったのであるが、同時に人造湖そのものは観光地として利用されるにいたったものが多い。また、かつては川の難所として船人や筏師たちが苦労して上下したところが、やはり観光地として訪れる人が多くなっている。このようにして川と人間とのかかわりあいは大きく変わってきたのであるが、川がわれわれの生活に貢献していることには変わりはない。

ここには、日本のおびただしい河川のうち三七の川をとりあげて、それらの川の果たしてきた人間とのかかわりあいの歴史をみたいと思う。

二　九州の川

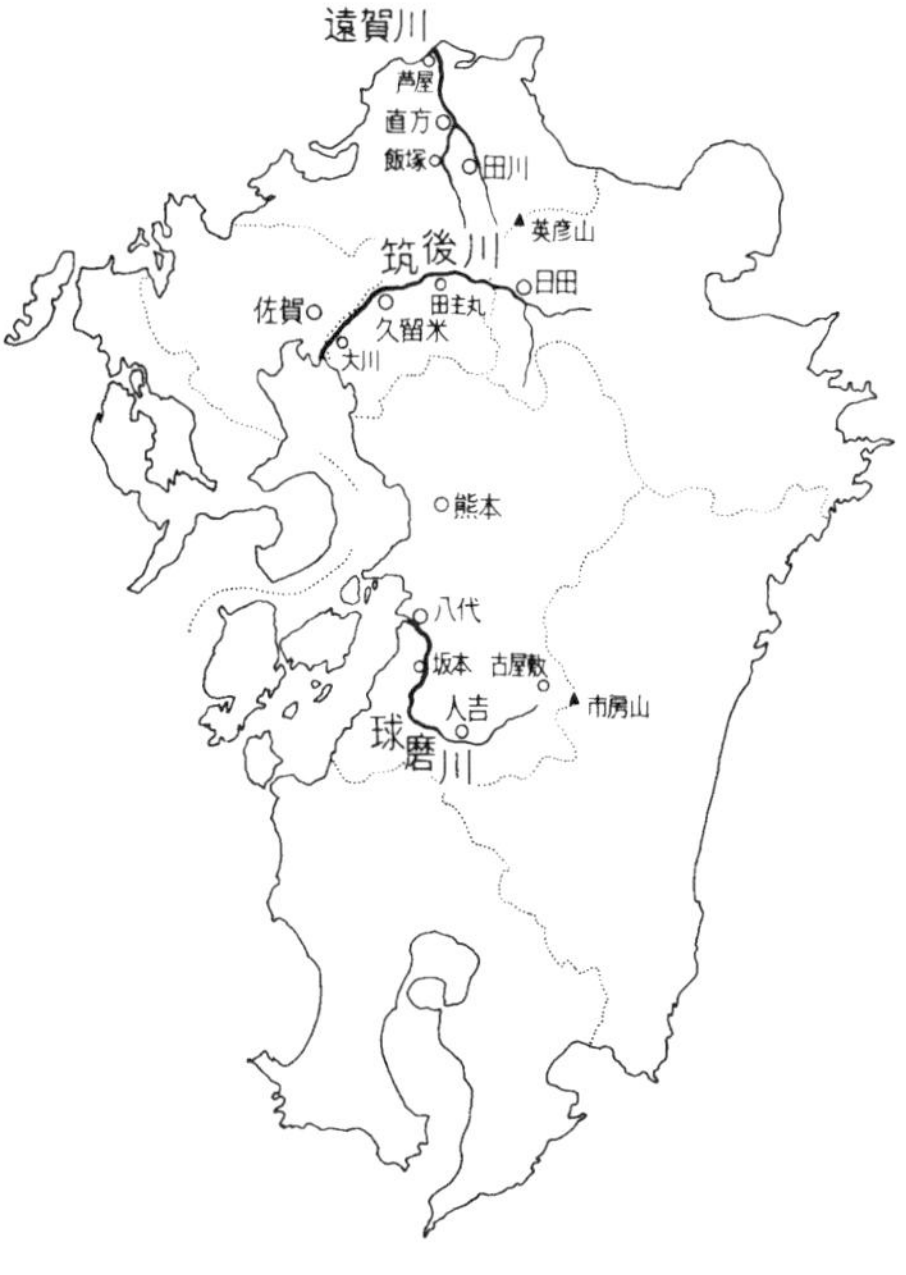

1　球磨川

日本三急流のひとつ

阿部知二は『古里』の書き出しをつぎのように綴っている。

「球磨川のように美しい流を見たのは私にとってはじめてのことだ。……山の樹々は濡れたような緑だったし、水の色は、翡翠といおうか、しばらくたった今でも、まだ眼の中に沁みついているような気がする。……そのような溪に沿って、汽車は八代から人吉まで走る」

日本三急流の一と呼ばれ、「世界のウォーターシュート」と讃えられる球磨川は、またの名を九万川とも呼ばれるように、免田《めんだ》川、川辺《かわべ》川、胸川、山田川等、建設省の一級河川「球磨川水系河川表」だけでも四九の支流が注いでおり、その源は遠く市房《いちふさ》山（一七二二メートル）の山なみに発している。初秋の一日、球磨川の本流を遡ってみた。

市房山を右手に望み、市房ダムに沿って北上すること約一〇キロ、かつて山産物の仲買商たちで賑わった古屋敷に着く。御多分にもれず、二〇年ぶりに訪ねた山の町の開けようは目をみはるものがあった。しかし、人間社会の俗悪化をよそに、球磨川の自然が少しも変わっていないのを知って心を休めることができた。古屋敷までくると、さすが筑後川につぐ九州第二の川も幅がぐっとせばまる。さらに車で一〇キロほど進み、梅の木鶴で車を捨て爪先あがりの沢を歩きはじめた。ようやく色づきはじめた照葉樹林帯を約三〇分ほど進んだころ、山の天気が急変し、秋には珍しい大粒の雨が降りだした。九州の脊梁山脈の諸峰（白鳥山＝一六三九メートル、銚子笠＝一四八九メートル）は近いのだが雨雲で全然見えない。水源を目前にして筆者はやむなく引き返した。

球磨川の水は水源から始めは南流し、古屋敷において不土野峠（一〇八一メートル）、江代山（一六〇七メートル）の山地に源をもつ魚帰川、白水川の水を集め水量を増し、新橋でいったん市房ダムに入り、ここでさらに市房山から流れて来た湯山川の水を加えて、流路を大きく西南西に変え、人吉盆地の沖積地を悠々と人吉に向かうのである。人吉では北流する胸川、南流する山田川、万江川の水を集め、川幅も広くなり中河原という中島をつくる。人吉を過ぎしばらくして永野川、鹿目川が合流するあたりから、こんどはしだいに西北に向きを変え、急湍岩をかむ勢いになり、大坂間で急カーブで北流し、一気に八代海に注ぐのである。

球磨川上流・梅の木鶴付近

球磨川は、明治四一年（一九〇八）、八代—人吉間に肥薩線が開通し、戦後荒瀬ダム（一九五四）、瀬戸石ダム（一九五八）ができて、貨客運搬の機能は完全に失われ、今日ではわずかに観光資源としての意味しか持ち得なくなったが、寛文二年（一六六二）、林正盛による開鑿《かいさく》事業以来二四六年の間、人の往来、物資の運搬にかけがえのない働きをしたのであった。

開鑿事業

人吉の商人林正盛は四一歳の厄落としに球磨川開鑿を発願した。自筆の『求麻川掘記録』によれば、「当求麻川は、是迄船通行不レ致に付き、段々工夫をめぐらし、当殿様御参勤の為、並に当求麻中之者且万民のためを思ひ、諸荷物川船を以て運送の弁理を開き度旨心願に思ひ（中略）云々、但我等当年四十一歳に付き厄難落しに川掘相初る」とあり、彼の並々ならぬ決意がしのばれるのである。

開鑿は困難をきわめた。とくに大瀬にある亀石とよぶ巨岩の除去には頭を痛めた。ある日、川岸に立って亀石を前に思念していると、一匹の白狐が現われ、ジーッと正盛を見るので、ワラをもつかむ思いで、いい知恵があれば貸してくれと頼んだ。白狐はそのまま林の中に姿を消した。ところがその夜、彼の夢枕に「お前の真心をあわれと思い妙案を教える。亀石の上に枯木を積んで火を焚き続けよ」とのお告げである。正盛が翌朝そのようにしたことはいうまでもない。火を焚き続けること三日、さすがの亀石もビリッ、ビシリと音をたてて割れた。亀石はそれ以来亀割石と呼ばれるようになったのである。

林正盛の偉業は、今日わずかに球磨川下りに活かされているにすぎないが、高橋政重の幸野《こうの》溝の開鑿は、球磨川の豊富な水を十二分に利用し、上球磨の荒野を開田すること二〇〇〇ヘクタールにおよび、今日なお農業生産に貢献しているのである。

元禄一〇年（一六九七）、時の藩主相良頼喬の命により郡内を巡察した時、湯前・久米（現・球磨郡多良木町）地方に広大な荒野のあることを知り、その旨を奏上した。藩主は高橋政重に原野開墾を命じた。かくして政重の灌漑水路建設作業がはじまったのである。今でこそ水上村幸野に堰堤を設けて球磨川の水を取り入れ、上村永山に至る一五キロの間、満々たる用水をたたえているが、それには政重の言語に絶する労苦が秘められているのである。開鑿した当初、水は全然流れなかった。また元禄一四年の大洪水では、堰堤が文字通り水泡に帰した。そこで彼は仏の加護にすがって初志を貫徹しようと、十一面観音を負って資金調達の勧進に郡内を廻るのである。また薩摩から暗渠専門の職人を呼び、慎重に工事を進め、遂に宝永二年（一七〇五）完成したのである。彼は仏恩に感謝し、多良木町中原に福田寺を建て、十一面観音を丁重に祀った。

筏流しと舟運

さて、球磨川下流に荒瀬ダムができる一九五四年までの舟運を回顧してみよう。以下述べるのは、球磨村堤に住む明治二七年生まれのK老人に聞いた話である。K老人は一五歳から六〇歳（一九五四）まで筏とともに球磨川に生きたという、いわば「川師」ともいうべき人である。Kさんは一五歳でトモコネになった。船頭はハナでカイを操り、トモに乗っている弟子のトモコネに指示する。するとトモコネは船頭の指図に従ってロまたはカイで筏を操るのである。流す筏は普通、人吉市東端の新馬場で組まれた。材木には一本一本、山主の屋号（キジルシ）が焼印してあった。それは球磨川上流（古屋敷）からと、川辺川上流（五木方面）から流されてくるバラの材木が、新馬場に流れ着いたとき混乱が生じないためであった。

人吉を発した筏の船頭とトモコネは大坂間で交替した。流し賃は人吉―八代間を六円とっていたという。つぎにKさんに球磨川の舟運についてたずねてみた。貨物は普通人吉から八代まで運んでいた。貨物の主なものは、米・麻・木炭・薪・椎茸・茶・和紙など農産物や山産物で、木炭の場合、一艘の積荷の重量制限は八貫俵で六〇俵までとされていた。

八代では返り荷（塩・酒・鮮魚・海草など）を積んで人吉の依頼先に届けるのである。

明治三一年（一八九八）、坂本で操業を始めた東肥製紙松求麻工場（その後の十条製紙坂本工場＝昭和四一年〔一九六六〕閉鎖＝翌年西日本製紙の工場として再稼動、昭和六三年〔一九八八〕再閉鎖）ではパルプの原料として大量のわらを必要とした。八代の麦島にわらの集積場を作り、ここで荷積みをして坂本まで運んだのである。この場合、一艘当たりの重量制限は一六〇貫（六〇〇キロ）と決められていた。

このようにして、球磨川は肥薩線開通までの一〇年間、日本経済の近代化に貢献するのである。

人吉―坂本―八代の運航所要日数は、下りが人吉↓坂本が一日、ここで一泊して、翌日坂本↓八代が半日、ここで一泊し、上るのである。八代↓坂本が一日、ここで一泊、坂本↓人吉が二泊三日、つまり五日六泊で一回転するわけである。船頭たちは坂本、神瀬、池ノ瀬付近にそれぞれ定宿を持っていた。八代では枡形（現・袋町）に着船していたので、この界隈の商人宿に泊っていた。それぞれの船頭宿では彼らの止宿を歓迎した。それは船頭のみいりがいい上に夜は賭博が開帳され、勝ち分のいくらかを宿に渡す慣例になっていたからである。

一方、客船は多い時に日に一四〜五便で定員は一二人とされていた。現在の球磨川下りの観光船とほぼ同じである。明治三一年出版された『人吉繁昌記』（花外楼主人著、永盛堂刊）によれば、当時、人吉↓八代の客船運賃は下り四〇銭（乗合）、上りは同区間が一円二〇銭（乗合）になっている。

船の遡行には実際苦労したようで、深い所は櫓で船頭が操り、浅い瀬はトモコネが棕櫚の皮で作った綱を肩にかけて引っ張った。トモコネ一人で引ききれないような瀬ではカチヤイ（またはモヤイ）といって、他の船と協同して、一艘ずつ交替で瀬を上げていた。川を上るとき、風向き次第では帆を張って上ることもあった。長さ一丈（三・七五メートル）、幅六尺（一・二メートル）ほどで、この帆掛の法は川尻（熊本市）の海船の技術が川船にとり入れられたものというが、Kさんもその時代のことについては知らないようであった。

このような球磨川の舟運の経済的効用も、今日ではわずかに日本三急流を売りものにした「球磨川下り」

にその実力を発揮しているにすぎなくなった。

観光としての球磨川下りは、人吉市の西郊林温泉に旅館翠嵐楼を開いた河野氏によってはじめられた。以後、徳富蘇峰ら多くの文人墨客の宣伝が効を奏し、国立公園生みの親の一人といわれる田村剛博士の命名による「世界のウォーターシュート」もようやく定着したかにみえるようになったのである。

「昔の掛け水別れを惜しむ、今じゃ行手を祝う水」と歌に歌われる水かけの船出風景も、格別だが、スリルに富む途中一八キロ三三瀬の情景は、なかなか筆舌に尽くされるものではない。

あえて蘇峰の『烟霞勝遊記』の一節を借用しよう。「然も風沫の為めに、舟首に座した者の衣類は、殆んどづぶ濡れになつた。彼是形容する丈が野暮だ。面白かつたといへばそれで沢山だ。好景は多く危険を相伴ふものだ。自動車でも舟でも危いと思ふ場所程佳き景色が多くある。球磨川下りは決して危険はない。但素人が危険と思ふのみだ。強いて云へば険はあるが危はない。」(原文のまま)

球磨川下り

料金は、人吉→大坂間駅の下まで一八キロ、二時間三〇分で大人一六〇〇円、小人一〇〇〇円。発船時刻は、八時、一一時、一三時になっている(昭和五〇年当時)。

2　筑後川

川船

筑後川は、東の坂東太郎（利根川）とともに、古くより筑紫次郎とよばれ、九州北部の四県にまたがり大小二六〇の支流を抱き、不知火の有明海にそそぐ、九州では第一の大河である。その流長一四三キロ、それも暴れン坊であるため流路が固定せず、「一夜川」ともよばれてきた。それも古くは、天領日田盆地と筑後平野を貫いているし、『校訂筑後志』によると、「城府の要険にして、国用の運送、田畝の水利、魚鼈蝦介の産尤も偉なり」というほどで、流域一帯ではかけがえのない動脈であったことがわかる。ただ昔は、この川の河口は現在点より一〇キロぐらい遡った辺で、今有明湾に見られるような、満潮には海底となり干潮には泥潟地帯となるような泥濘地帯が、上流一帯まで広がっていたといわれている。

したがって『古代筑紫五国の原像』によると、「河口部の泥濘と、五米に及ぶ干満の潮位差が、筑後川を遡行する舟の障害となっているのは、今も昔も変らない」という。それはこの河のもつ、一つの特徴といえよう。

もともと陸上の交通手段が未発達の時代には、この国で、川がその地方の主要な交通手段であったことは、どこでも同じであった。それを『福岡県の歴史』によって大まかにみると、「筑後川……の流域は近世の終りころには日本屈指の穀倉地帯に成長していた。流域には米をはじめ南瓜・西瓜・南京豆・甘藷・

櫨《はぜ》などの農産物が豊富で、筑後川はそれら農産物の輸送ルートとして重要な役割を果たした。舟運の便は大分県の日田市にまでおよび、その間の生葉・竹野・御井・三潴の各郡には寛政元年（一七八九）当時一六カ所の船渡場ができていた。久留米城下には御船方屋敷があって船頭・加子・船大工などが多く住んでいた。」そうして「この筑後川の流れこむ有明海沿岸部は塩分が薄くて栄養分が高いので、魚貝類の宝庫となり沿岸漁業を盛ん」にしていたというが、それをもう少しくわしくみてみよう。

九州一の大河・筑後川

　この河の中流に位置する筑陽村の、『筑陽郷土誌』は「この河は元筑間川又は千年川とも称えていたが、往時は陸路が不完全であったので、此川は両沿岸附近一帯の輸送路として大小の船舶が常に往復し、藩府への貢租米も舟積で、毎年多くの米俵を水運した。それで水上生活又はこれを副業とする舟乗業が郷土（柴刈地区）でも数十を数え、恵利や片ノ瀬の港には、いつも多くの船が碇泊していた」というし、そしてそれらの船は「東は日田、杷木から西は城島、若津港を往来」していたが、その荷積品は「米・穀類・燃料・建築材・肥料・酒・家具類などで」あったし、またその船を利用して「旅する人も少なくなかった。波静かに数十隻白帆も軽く水上を走る風景は絵のようで、隅には花嫁御寮が、花嫁道具と共に舟下りする、ほほ笑ましい状景も見えた。」そうして、毎年の「高良宮や水天宮の祭日には、早朝より男女の舟下りで賑ったものだが、今はその影もない。」というし、また船の碇泊地は「片ノ瀬が有名な港で、商店、宿舎、飲食店など多く建ち列び、今日の如き町並みに発展しているのは、昔からの延長である。」と説き、また「今の田主丸港町は、その碇泊港の名を残すもの」と述べている。その当時、この川の中流地帯では、それほど賑わっていたわけであるが、久留米市を拠点とする中流より下流にかけての一帯は、どうであったであろうか。

川の港

それを、さきにふれた『校訂筑後志』でみると、久留米市のすぐ下の「瀬ノ下」は、「諸邦の商船、米府に来る会津なり。……此より北の方、流れに遡りて米城要害の地たるを以て、他州の通船を禁断し、艦艇に鳥銃を備へて、常に不虞を守らしむ。本州の通船と雖も、黄昏を限として、これを許さず。其令甚厳」であったようである。したがってこの川は、久留米藩の篠山城守備のために、重要な防壁であったことがわかる。さらに、その下流の住吉は「三潴郡に在り。此所も亦泊舟の地にして、諸州の商船進廻して、産物を四方に運送す。官舎ありて毎船の券書を鑒紉す、国君の艨艟を製作する舗舎此浦にあり」というほどで、艦船の製造と貿易の両面で繁昌していたようである。それよりもう少し下流の榎津は「此地諸国の商船、西洋より管内に入る港口なり。故に官舎を置き、銃頭の士臣をして不虞を警め、出入の船を鑒察せしむ。市屋千戸、数多の船主住居して、数十艘の商船を繋ぎ船工の良手多くして、巨艦を製造す。其精巧他邦に優れ」ていたというし、その繁栄ぶりを伝えている。

さらにその下流の若津は「三潴郡に在り……宝暦年中、郷民官に訟へて、再び一百三拾余戸を営作し、西海に咽喉して、諸州の商船出入し、国用を利する要地となれり。以上四箇の会津皆筑後川に属し」ていたというように、この川はずいぶん古くから久留米の居城守護とともに、人や物資の運搬などに、主要な役割をにない、また果たしていたことがうかがえる。さらに明治四三年刊の『福岡県案内』によると、その当時の若津港は「大川町の西に接し、筑後川を隔て、佐賀県の諸富と相対す、宝暦元年、開港せし以来戸口大いに増加し、筑後川改修工事の竣工により、船舶の来往其便を増し、日田の物産は概ね、筑後川の舟楫にて此地に集散し、大川の指物及び莞莚・清酒・瓦は勿論、近郡の農産物の多くも此港によりて集散し、故に船舶の出入甚だ多く、実に肥筑の咽喉たるに背かず」というので、上流日田盆地の物資の集散もその当時まで、その多くが、この川の船便に依存していたことがわかる。という意味ではそのころ、この川の流域一帯が、この川をいかに主要な交通手段としていたかがわかる。

明治の筑後川（『福岡県案内』より）

産業・温泉

そのように、川が主要な交通手段として利用されている場合、流路の固定と安定化のためには、たとえば水刎《ハネ》を造って水勢を和らげたり、水流を中心部に集めて水深を深くするなど、治水と低水工事が続けられてきたことはいうまでもない。それに支えられて、この川を活用する経済活動も活発であった。その一つに「大川家具」という軽工業の発展があった。

すなわち上流の一帯は、国内でも有名な日田杉の産地であるが、それが筏に組まれて下流の榎津（現・大川市）にとどいていた。それが家具類に加工され「大川の指物」として四〇〇年の伝統をもち、その当時から名高いものであったが、それをさきにみた『福岡県案内』によると、「三潴郡大川町に産出し、古来其製造盛に又廉価を以て称せらる。その主なる製品は、簞笥・長持・建具、其他各種の器具にして、特に水車の製造に巧なり。多くはこれを長崎、佐賀、熊本の近県に輸出し、又遠く韓国に輸出」していたという。その製造も「明治四十一年簞笥の製造戸数二六二、職工七一三人、産額二三五七二個、価格二一二一四八円、建具製造戸数一二、職工一四人、産額六九一二三個、価格八二六一六円……総価格六〇二九〇六円」にのぼっていたようである。それが今では、国内でも有名な大川家具の産地として、手工芸的な指物、建具、和簞笥類から各種の家具を生産するまでに成長している。それも昭和二九年に、日田盆地下流の狭窄部に「夜明ダム」ができて筏がせき止められるまで、その原料供給は続いていたようである。これは一本の川が結んだ、林業という産業経済発展の大きな足跡の一つともいえよう。

それにこの川沿いには、天ケ瀬・筑後川・吉井・原鶴など一四カ所の温泉群がちらばっている。とくに原鶴温泉は、鶴にちなんだ物語を秘めた温泉として名高い。さらに、前出の『校訂筑後志』によると、この川では「上座・下座の漁人昔より此川にて漁す。鸕鷀船を下して鵜をかひ、所々に網戸《アド》をうちて魚をとる」とあるが、上流の日田市や原鶴温泉、田主丸では、現在も盛んに鵜飼船がでて、初夏の夜を詩情ゆたかに彩っている。

河童物語とエツ

もともと河童の古里は、チベットだというが、『田主丸地方の河童』によると、ある年その一帯を襲った大飢饉のために、一族郎党は、欧州を安住の地と定めた一派と、東洋を享楽の園と信じた一族との二派に分れ、東洋へ走った一族の総大将が九千坊とよばれ、九千匹の河童を部下に従え、中国大陸を横ぎり、黄河の流れに沿って東支那海を渡り、日本への第一歩を天草にもとめたという。さらにそこから、日本で三大急流の一つといわれる球磨川に棲みついていたが、ある日加藤清正公の小姓にケソウしたというので、清正公の河童退治の一戦に遭い、命からがらこの筑後川にのがれて来て、時の有馬城主に命乞いを願ったところ、「そうであれば、水天宮の守りにつけ」と命ぜられ、それ以後はこの川を第二の古里とし、時には上流田主丸の巨勢川河童とも一戦を交じえていたといわれている。また文政元年（一八一八）水天宮が江戸へ分霊のさいは、そのお供をして江戸に上ったが、そのさいも、もって生まれた好色のほどがわざわいして、婦女子を隅田川へ誘いこんだので殿の怒りをかい、再び筑後川へ追い返され、それ以後長くこの水天宮の守りについてきたといわれている。

筑後川の河童
（『田主丸地方の河童』より）

また、さきの巨勢河童は、巨勢川の蛇淵に棲み、その総大将は巨勢大入道といわれるが、実は源平の戦いで平家滅亡のさい、その残党がここに逃れてきて河童となった、といわれている。そしてその巨勢入道（または九勢入道）は平家の大将平清盛の化身といわれ、その入道が下流の水天宮の二位尼（平清盛の妻）に会いにゆく時は、筑後川や巨勢川は大氾濫をおこすといわれている。

つぎに、国内ではこの川の下流にだけしかすんでいないという珍しい「エッ」という魚がいる。それは弘法大師が地方巡錫のおりに、この川の渡しへ差しかかられた。渡し守に乗船を頼まれたが、無一文だったので、渡し守は見向きもしないで船を出していった。それを近くで聞いていた親切な船守が、気の毒に思って代わって渡してあげた。そのお礼にと、大師は岸辺の葦の葉一枚をこの川に流されたところ、その葉はたちまち魚になったといわれている。

組曲　筑後川より

筑後川　　丸山　豊　詩

祭よ／川をよびおこせ／とっぷり暮れた大きな川へ／太鼓をたたけ　太鼓をたたけ
一千匹　一万匹　十万匹の河童よ／さわげ

3 遠賀川

命の川

豊前英彦山に源をもつ彦山川が遠賀川の源流である。この流れは嘉麻川、穂波川などの水をあつめて、福岡県のほぼ中央を北流し、芦屋で響灘にそそぐ、全長六四キロ、比較的ゆるやかな流れである。流域面積は一〇三二平方キロ、遠賀・鞍手・嘉穂・田川の四郡と中間・直方・飯塚・田川・山田の五市、それに北九州市に編入されている香月・木屋瀬の二町が、この流域に含まれる。いわゆる筑豊炭田地帯である。遠賀川はそのど真中を貫流している。

明治以後、いちじるしい発展をとげた日本の近代工業のエネルギー源として、重要な役割を果たしてきたのは石炭である。筑豊はその石炭の主要な産地として、いち早く開発され発展してきたところであるが、それには遠賀川の流れが大きな役割を果たしている。

筑豊の石炭は遠賀川の水運を利用して運ばれ、近代工業を支えるエネルギー源として利用されることができたのである。そういう意味での遠賀川は、筑豊の人びとにとって命の川であったと同時に、近代日本の命の川ともいうべきものであった。

筑豊の石炭は早くから知られていた。それは燃える石といわれ、すでに中世には農家の燃料やかがり火の原料として使われていたというし、近世初期には、燃料に不足する福岡城下などでも使用されるようになっていたが、これが、商品として広い販路をもつようになるには、明和年間（一七六四―七二）製塩燃料として使用することに成功して、瀬戸内海沿岸の塩田地帯で使われるようになってからである。

この頃、遠賀川筋で採掘された石炭は馬の背で川岸まで運ばれ、川船に積まれて芦屋や若松まで送られ、瀬戸内海に売られていった。ゆるやかな遠賀の流れは川船を通すのに適していたから、早くから水運に利用されていた。近世初期には、主としてこの流域の年貢米を運んでいた。河口の芦屋は深い入江になっており、船着の便も悪くなかったから、はじめのころは芦屋まで積みおろされていたが、上流からの土砂の堆積によって入江が埋まり、港としての機能が衰えてきたことから、堀川の開鑿が行なわれることになる。堀川は遠賀郡底井野村（現・中間市）から遠賀川を分流し、洞海湾に直接つなぐようにした運河である。これは元和元年（一六一五）栗山大膳によって着工されたが、容易でない難工事のため中断され、完成したのは宝暦一二年（一七六二）であった。長さ一里強、幅はせまいところで三間、ようやく川船が離合できる程度のものであるが、この完成によって遠賀川の水運は大きな利便を受け、発展していった。ようやく盛んに採掘されるようになった石炭も、この堀川を利用して洞海湾にはいり、若松から廻送されるものが多かった。

川艜《ひらた》

遠賀川で使用された川船は豊前では高瀬船ともよばれたというが、普通、ヒラダ船といっていた。艜・平太などと書かれている。またゴヘイダ船ともいった。筑豊では五平太という人が石炭を発見したので、石炭のことをゴヘイダといい、それを運ぶ船だからゴヘイダ船というのだと伝えられているが、真偽のほどはわからない。底の浅い扁平な船で、その大きさは長さ四間、幅八尺、深さ一尺九寸、風の良い時

遠賀川のヒラダ船（山本作兵衛著『筑豊炭坑絵巻』より）

には帆をあげて上るので帆柱の長さが六間ほどあった。この船に米なら七五俵から一〇〇俵、石炭だと七〇〇〇斤を基準にして積んで下ったという。上流あるいは支流の艜は本流のそれにくらべると小さく、長さ三間で六〇〇〇斤積みを基準とした。そして植木・赤池・飯塚などで積み替え下ったものであった。本流の船場から芦屋や若松の貯炭場まで往復で四、五日の行程であったが、水が悪かったり、船がこみあったりすると一〇日以上もかかっていたという。船頭は大体が一般に一人乗り、下りは竿をつかうが、上りは風の良い時には帆をはる。しかし逆風や浅瀬にかかると船からおりて川にはいり、首に綱をつけて曳いてのぼる。冬の寒い日は堤に焚火を絶やさないようにし、こごえた身体をあたため、また川にはいって船を曳いた。若い元気なうちでないとできない仕事であった。

江戸時代、石炭は藩の専売になっており、艜による運送も藩の統制のもとに行なわれていた。それで艜乗りに従事するのは主に流域の農民が副業に行なうものが多く、五、六艘が組になって仕事を行なっていたが、明治になって藩の統制が解かれ、自由に営業できるようになると、艜を何艘も持って船主となり、船頭をやとって、組をつくり仕事をするものが多くなった。船主といってもそれほど大きいものではなく、多くても二〇艘どまりであったという。そして組ごとに仕事を請負い、運航も組頭の乗った親船を先頭にまとまって行なうことにはかわりなかった。それは荷物の積みおろしや難所をのりきるときなどに、一人ではどうにもならず、共同作業をする必要があったからである。

江戸時代に開発の基礎を築いていた筑豊炭田は、明治にはいって本格的に開発がすすみ、その規模を大きくしてゆく。出炭量の面からこれをみると、明治四年六万トンであったものが、一七年には一八万トン、二〇年四〇万トン、二三年八〇万トン、二七年一七一万トン、三〇年二七三万トン、三五年四九三万トンといった調子で急激に増加していっている。出炭量の増加に応じて、その運送を一手に担っている川艜も増加していった。明治五、六年ごろは八二九艘であった艜が、明治二一年には四九〇〇艘、最も多い時には七〇〇〇艘をこえる数になっていたという。「遠賀河上、小舟ノ往来織ルガ如ク、之ニ使用セル船艜万ヲ以テ数へ」とその当時の様子を表現しているが、当時を知る古老たちは「船をならべると若松から直方まで船づたいで行けるほどのものであった」と語りつたえている。

川筋気質

それほど艜が増えても、なお運びきれないほどに石炭の採掘量が上回っていたので、船頭の仕事はきれることがなく、景気がよかったもので、当時、川筋では「赤べコかいたのは船頭のかかあ」とか「赤べコかいた嫁女が欲しけりゃヒラダに乗れ」などといわれたものであるという。そのころ赤いネルの腰巻などはとても高価なもので、農家の嫁などは見ることもできなかったが、船頭の女房は普段にそれをしめていたのである。そうした状況であったから、船頭は川筋の若者たちのあこがれのまとになっていたのである。

ともあれ、川艜が織るが如くに上り下りしたころの遠賀川は、水竿一本、引綱一本に生命をかけた荒々しくも若々しい男の世界であった。

川船船頭のどこみて惚れた
色は黒いが川筋そだち
ケンカ早いが情にはもろい
水にうつしたサラシベコ

とうたわれた川筋男の世界は、「なんちかんち言いなんな、理屈はなかたい」ということばに示される荒々しさと骨っぽさを持った実力の世界であった。

世間では川筋気質という。遠賀川流域独特の気風、気質のことである。それは『芦屋町誌』などによると、頼まれたことはいやといわず、自分を犠牲にしてもやりとげるという親分肌、気は荒いが淡白な気性、義理人情に生き、義侠心に富む、理屈っぽくないが筋の通らないことには殺されても従わないという性格であるという。

そういう気質がいつごろから生まれてきたのかは知らないが、それもまた遠賀川の流れがはぐくみ育てたものであることには違いないようだ。

遠賀川はいま川船のゆきかう流れではない。川船による運送は、明治二四年敷設された筑豊線をはじめとする鉄道の開通によってしだいに汽車輸送に押されて、影をうすくしてゆき、昭和にはいっては砂利・雑貨などの運搬にいくらか従事していたが、それも昭和一四年を最後に消えてしまった。

いま川筋も艜船頭も、その姿を遠賀川の流れに見ることはできないが、この川筋の人びとは遠賀川にかぎりなき愛着を持ちつづけている。

遠賀川は二〇〇〇年の昔、遠賀川式土器を生み、いち早く新しい稲作文化を定着させた。そして明治には近代日本のエネルギー源となる石炭を運ぶ大きな動脈として働き、愛すべき川筋気質をはぐくみ育てた。

遠賀川はこれから何をはぐくみ育てていくのだろうか。

三　四国の川

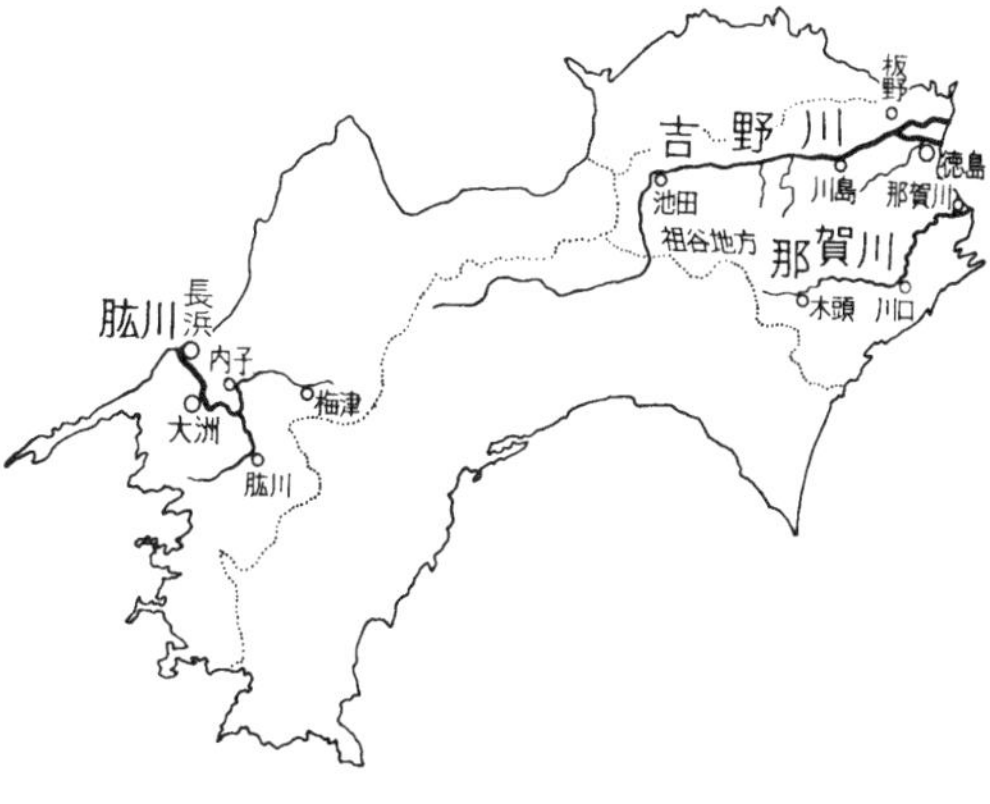

1 肱川

荒れる川・母なる川

肱川は四国の北西部にあり、伊予の水郷、大洲盆地を形成した母なる川である。その水源を愛媛県東宇和郡宇和町正信（現・西予市宇和町正信＝標高四六〇メートル）に発し、途中で大小三一一の支流（建設省）を合わせて伊予灘にそそいでいる。支流の数の多いことでは、淀川、旭川、江川についで全国第四位である。またその流域は大洲市と喜多郡を中心に東宇和郡（現・西予市）・上浮穴郡・伊予郡の一市四郡にまたがり、全長八九・一キロ、流域面積一二一一・四平方キロで、県下最大の河川である。

肱川は古来氾濫する川として、流域住民には忌避できない常習的自然現象と認識されてきた。大洲藩「加藤家年譜」（一六八八―一八六〇）及び明治以降の記録によれば、小洪水を除いて一〇〇回以上の災害が記録されていた。大洲平野その他の氾濫原に冠水をうけ、一応出水と記録された災害件数は、藩政時代に約三年に一回、明治以降は二年半に一回の割で発生している。なかでも昭和一八年七月と昭和二〇年九月の大洪水は記憶にも新しく、文政九年（一八二六）五月二一日（増水量九・三メートル）の水位につぐ出水で、大洲市の商店街を含めた平野の全域が泥海と化する大水害であった。

昭和三四年三月、上流の鹿野川ダム完成以後はこうした洪水を見なくなったが、しかし洪水は、いっぽうでは流域河畔に肥沃な微高地や沖地《おきじ》を形成し、桑園や当地方特産の蔬菜園の好適地として得難い副産物を生成したのである。まさに母なる川・肱川である。

舟運

近代になって橋が架かるまでは対岸との往来は、渡渉によるか渡船によった。渡しは「横渡し」とよばれ、大洲城下には、大渡・上渡・中渡・桝形渡・松ノ瀬渡の五つの有料渡しがあった。

肱川河口（2004年。写真提供：国土交通省四国地方整備局大洲河川国道事務所）

大渡はいわば往還の連絡渡しで藩営であった。二人の渡し守が隔日勤務し、増水時には平船頭一人が加勢する定めであった。出水時には船止めになった。それは水位を計る標木があって、その頭が隠れたら出水と認定され、小船渡しは船止めになったのである。しかし多少の融通もないではなかった。

新しい道路が開通するまでは、交通運輸はもっぱら肱川に頼っていた。肱川の豊かな水量とゆるやかな流れは、貨物輸送路には格好の川であった。現在はこの肱川に沿って道路が発達し、トラックやバスが走っているけれども、それ以前は大量の物資の移入や交流は川船に頼るしかなかったのである。

この輸送用の川船を「川艜《かわひらた》」と称した。艜船は底を平たく造った荷物用の長い船であった。大きさは、長さ二六尺五寸、幅五尺五寸、帆高二二尺、八〇〇貫積みが普通で、下流

肱川の渡船（昭和27年）

地方では一〇〇〇貫積みの大きなものもあった。

明治から大正にかけて肱川沿いには、この川船の河港が大小あわせて四〇余りも開け、これらの河港に三〇〇艘以上の川船がおかれていた。

川船は人を乗せることもあったが、物資輸送が専門で、下りは農産物、林産物などを積んで行き、帰り便では日用品、雑貨をはじめ肥料・石油・石炭などを積んで上った。明治初年までは年貢米を積むことが重要な役目だったが、それは大船と呼んで二人乗りだったそうである。

いっぽう小田川を上下した内子船は、特産の晒蠟《さらしろう》を積んで長浜に運んでいた。また岩黒の人たちの話によると、ニブギを積んで長浜へ下るときにアゲダメ（下肥桶）二つを積んで行き、帰り便でこれに下肥を入れてもどっていた。この下肥は畑や桑園の肥料にふりまいたのである。

川船は下りだと河口の長浜まで一日で行けたが、上りは数日を要した。上り荷は、普通一艘四〇〇貫くらいが積荷の限度であった。朝早く上げ潮を待っていっせいに帆をあげて加屋《かや》あたりまで一気に上った。このとき風向きの判断は「耳の端《は》に問え」ということが言われていたそうで、船頭の長い体験の勘によるものであった。加屋からさきは急瀬のため曳船で上がる。二、三の川船をモヤイ船にして、綱でひっぱり上げるのである。このときはオモテダシという楫取《かじ》役が一人だけ船に乗り、連結した川船をうまく誘導し、他の者が五〇メートルくらいの綱でひっぱるのである。ときには付近の村人の応援を頼むこともあったが、のちには牛を使ったこともあった。それで上りは長浜から始点の坂石まで帰るのに、順調なときで四日を要し、途中で雨が降って水勢が増したりすると、なお数日を空費させられたのである。この間船頭は船のトマで寝泊りするので、布団・炊事用具・サイビツなどが船頭の常備携帯品であった。

大洲城下の肱川（明治40年頃）

川船の船頭は重労働だったから、体力の弱い者にはつとまらなかった。船頭は一升飯を食わねば一人前でないといわれた。また内子船の船頭はロウマル（白蠟の積荷）が担げたら一人前だった。しかし、船頭の賃金は一般職人に比べてよかった。初心者でも二倍近い賃金であった。

漁民ほどではないが、川船にもそれ相応の信仰があった。道野尾（肱川町）の「辰ノ口権現」、菅田《すげた》の「冠岩」、下須戒《しもすがい》の「立神岩」など、川中に突出した巨岩のある箇所が難所とされ、同時に聖所とみなされていた。それでこれら聖所を通過するときには、船頭たちは積荷の一部―木ぎれやかずらのようなものでもよい―を必ず投げ供えて航路の安全を祈ったのである。なお、藤之原の「しおやの淵」（一名将監淵）も川船の素通りはタブーであった。坂石からの下り船は必ずこの淵で神酒をあげ、念仏を申してから通過したのである。

筏流し

肱川の筏流しはだいたい昭和一五年ごろで跡を絶ったが、本県の他の河川に見られぬ特異な存在であった。

本川筋と小田川筋で筏の大きさが異なるが、ふつう本川筋で長さ二間の木材を裏木口を前にして、幅六～八尺の船型に組んだものを「一棚」とよび、それを一二～一六棚ほど連結させて「一流（一先）」とよんだ。小田川筋では棚幅が少し細くなるが、だいたい一流は一万三〇〇〇サヤ～一万五〇〇〇サヤで、トラックに積んで約五台分に相当した。

一人前の筏師になるには三年の年季を要した。一日一〇〇サヤ（一寸角の二間もので一サヤ）の筏（三棚分）が組めれば一人前であった。筏はアナグレ（ハグレマサカリ・メグリヌキ）とよぶマサカリ風の道具を用いて穴をあけ、桟木を押し当てて藤かずらを通して縛ったのである。しかし、のちには馬蹄型の針（イカダバリ）を使用するようになった。これは木材の無駄が省け、組み作業も二倍に能率化した。また上流部で筏が組めぬ所はクグ流し（テント流し）をやり、ドバ（組み場）で集積して、そこで組んで流した。

筏流しのコースは、小田川では上流の梅津あたりだと内子までは一日コースで、内子から長浜までは二日かかった。たいていツギモチで、各沿線の筏師が中継して乗り継ぎしてゆく仕組みになっていた。

筏師には「筏連中」という組合があった。大正期から昭和期には、本川筋では坂本組・長谷組・横林組・赤木組・鹿野川組・菅田組、小田川筋には、水本連中・大瀬連中・和田連中・内子連中などの組合組織があり、連中は一〇人～二〇人くらいの組織であった。

連中には主世話人《おもぜわ》・材料係・人夫係などがあり、主世話人は材木問屋とのサヤワタシの勘定や賃金の領収・分配などの世話をした。

筏連中へは一六、七歳で加入し、そのときは酒一升を買った。また一人前になればそのときも酒を買った。肱川の筏流しは明治二〇年頃からで、昭和初年がその最盛期であった。

参考文献

『大洲市誌』（昭和四七年刊・大洲市編）
「肱川の筏流し」（芳我幸正・伊予史談二〇八号）
「肱川の民俗」（森正史・愛媛国文研究一二号）

2 那賀川

木頭と祖谷山

那賀川は剣山地のひとつ次郎笈《ぎゅう》峠（一九二九メートル）の南面に源を発する。小さな沢が水をあつめて蛇行に蛇行を重ね、阿波の山分の中でも最も奥深いことで知られている木頭《きとう》山を東流して、相生町川口（現・那賀郡那賀町大殿川口）にいたってわずかに谷を広める。このあたりから流れは北東にかわり、大きく湾曲して中島浦（那賀川町、現・阿南市那賀川町）にいたり、紀伊水道の南端にそそいでいる。

上流から中流にかけての谷は深くけわしい。きりたった絶壁になっているところも多い。いまではこの山地も、那賀川に沿って道がひらかれ、容易に車ではいることができるし、その川沿いの道は四足峠をこえて高知に通じているが、それは新しいことである。かつての木頭山は、剣山をへだてて隣接する祖谷《いや》山とならぶ僻遠の地であった。

祖谷山は平家の落人伝説をもつ村として知られているが、木頭の村々にも、屋島の戦に敗れた平家の一門によってひらかれたという伝承をもつところが少なくない。そしてここでは、それらの落人が祖谷山から剣山を越えてはいってきたと伝えている。伝承の真偽はともかくとしても、この山地が那賀川沿いにはいった人びとによるよりも、山を越えてきた人たちによってひらかれたものであることを暗示している。

この山地にはいった人びとは、那賀川のつくった河岸段丘のわずかな平地に住居をつくり、畑をひらき、谷あいの水の得やすいところを水田にして、食料を得たが、それだけでは足りないので山にはいり、森林をきりひらいて火をかけ、そのあとにヒエ・アワ・キビなどの穀物をつくって補いにした。焼畑づくりである。そしてこの山地の人たちは、焼畑のあとに楮や三椏を植えてその皮をとり、製紙原料として金にかえた。楮は商品として売るだけでなく、自家用の衣料としても大事なものであった。冬に刈りとった楮を蒸して、皮をはぎ、灰汁で煮て、よくもみほぐし川の流れで外皮がとれるまで洗い、寒い夜、外に干して凍らせる。そうすると繊維がやわらかくなるという。これをよく乾燥させて木槌でたたき、やわらかにしてから糸につむぎ、地機にかけて布にする。この布を太布《たふ》といった。太布は四国の山村ではどこでも作られていたが、木頭では割合近いころまでその技術が伝えられており、明治時代には自家用にするだけでなく、呉服屋の持ってくる木綿布などと交換することも多かったという。

高瀬船

そのほか、椎茸や茶などもつくられ、商品として移出された。これらの山地で生産される産物は、多く人の背によって霧越峠をこえ、海部川上流の皆ノ瀬（海南町、現・海部郡海陽町小川皆ノ瀬）まで運ばれた。皆《かい》ノ瀬には川口の鞆奥から高瀬船がのぼってきており、木頭の産物は皆ノ瀬を経由して出されるのが多かった。塩などの必需品もこのルートを運ばれたのである。

高瀬船は那賀川にもあった。那賀川では河口から上那賀町の谷口（現・那賀郡那賀町大戸谷口）までのぼっており、明治末から大正初年には三〇〜四〇艘が、年間六〇〇回前後を往復していたという。この川で使用された高瀬船は幅一間、長さ五間半、深さ二尺五寸で、船頭は二人、下り荷で水の良い時には八〇〇貫ほどの荷を積んでいた。積荷の主なものは、上りは塩・雑貨類、下りには楮皮、木炭・椎茸・棕櫚皮・茶・

管流し（徳島県刊『木頭林業』より）

生鮎などであった。船頭は鷲敷町（現・那賀郡那賀町和食郷）のあたりに多かったというから、鷲敷・相生（現・那賀町延野）・上那賀（現・那賀町小浜）など中流の村々が多くこれを利用したものであった。

流材と筏

谷口から奥の那賀川は谷もせばまってけわしく、断崖になっているところが多かったから、人や物資の搬入路として利用されることは少なかった。それでは全く利用されていなかったかというと、そうではなく、木材の搬出路として古くから利用されていたのである。

那賀川は木材の流送路として利用されることによって、木頭山の人びとの暮らしに深いかかわりをもってきた川だったのである。

江戸時代から明治初年にかけて、山元で伐採された丸太は玉伐りして、杣が角にはつり杣角にして川ばたまで出し、筏に組んで流していた。上流の出原（現・那賀町木頭出原）あたりから出るものは、長さ二間のものを八尺くらいの幅にして一枚とし、谷口の土場までおろし、ここで六枚を一艘にして河口の古庄（現・阿南市羽ノ浦町古庄）まで流し下していた。上流のものを山筏といい、谷口土場から下を流す筏を里筏といった。ところが明治二五年に、谷口土場の上流にある高磯山が崩壊して流れが変わり、山筏が流せなくなって、谷口土場までは管流しで、一本ずつばらばらに流すようになった。そのころから、この上流山地にあるモミ・ツガ・ケヤキなどの天然林が大量に伐採されるようになった。これらの天然林はバンという角材にして出したが、筏には組まず、夏の出水期を利用して放流し、河口で集材人夫が待ち受けて拾いあげたものだという。柄の長いトビ口を流木の頭に打ち込み、岸にひきよせるのだが、狙いがはずれて中ほどにささったりすると人の方がひきこまれてしまう。危険な作業であった。また流木も途中で沈んでしまったり、海に流れ出てしまって行方不明になるものも多かったという。大変粗放な方法だが、それでなければ間にあわないほど大量に出されたものであった。河口であげられたバンは木挽によって板にひかれ、船で大阪に送られた。河口の中島（現・那賀川町中島）や古庄には、古くからの木材問屋が何軒もあって、上流から送られてくる木材をとりあつかっていた。現在もこのあたりは有数な製材産地として続いている。

木材の伐採は最初天然材が主であったが、大正の中頃からスギが多く出るようになる。スギの場合は丸太のままで、管流しによって谷口土場まで運ばれ、そこで筏に組んで乗り下げていった。

筏流し（徳島県刊『木頭林業』より）

谷口から古庄まで、四月から六月までの水の安定している時期で二日、冬の渇水期になると三日から五日くらいかかっていた。筏にはハナ床（先頭）と楫床（後尾）に一人ずつ二人乗るのが普通であったが、冬期には一人で下ることもあったという。筏師は特殊な技術を必要とする仕事であり、また業者との交渉、流路の浚渫、土場の修理など共同で行なわなければならないことが多かったから、一〇人とか一五人ていどで組をつくり、仕事をしていたものだが、明治三七年にはそれらがひとつになって那賀川運材業組合を組織し、組合として賃金交渉などにあたるように代わっている。この組合は流筏労働組合の前身になるものだが、明治の末からはじまった桜谷ダムの建設にともなう船筏の迂回路設置、損害保償などに活躍し、その後も長く那賀川筋で働く筏師の組合として大きな役割を果たしてきたが、昭和二五年からはじまった那賀川電源開発事業によって長安口ダムがつくられ、筏流しがすべて陸送に代わることによって、その使命を終えた。そして多い時には三〇〇人以上いたという筏師は、山林労務者として植林・伐採・運材などの仕事に従事している。

そして那賀川によって育てられた木頭山のスギは奥地までつけられた林道によって運び出され、那賀川沿いの道をトラックに積まれて送られている。那賀川には、いま長安口ダムのほか小見野ダム・追立ダム・大美谷ダム・川口ダムなどが建設されて、バンの放流や筏流しのころの面影はなくなってしまっている。

3　吉野川

洪水の川

四国三郎で知られ、流域面積三六五〇平方キロ、石鎚山《いしづちさん》の東方に発し高知県を東流、さらに北流して大《おお》歩危《ぼけ》・小歩危《こぼけ》の峡谷をつくる。池田で再び東流し、中央構造線《メジアンライン》に沿うて、徳島市で紀伊水道にそそぐ。流域は、いわゆる阿波の「北方《きたがた》」と称し、「南方《みなみかた》」の水田地帯に対して、畑作地帯である。この北方は、忌《いん》部《べ》一族の開拓した「あわ」の地で、麻植《おえ》郡山川町（現・吉野川市山川町）付近である。

阿波の中心は、ここから下流の国府町に下り、さらに藩政時代の徳島へと移っている。流路はたびたび変遷している。阿波町岩津が南岸から北岸に移ったのは、約八八〇年前である。川島町から下流では、飯尾《いのお》川が旧河道と考えられる。近くにホケという地名もある。川にのぞんだ断崖であったのであろう。江《え》川《がわ》も明治三二年の大洪水まで帆船が通っていたという。この旧堤がかつての本流をしのばせる。なお上下島・鴨島・牛島・平島・中島・南島・桑島・前須賀・千田須賀・中須・麻植塚・佐野塚などの地名が多く、旧河道が現在の本流より南にあったことを、五万分の一の地形図は教えてくれる。中富川・住吉川も旧河道であり、これら旧河道流域は、かつての藍作「藍園二八カ所」を形成し、堤防のない中島であった。洪水ごとに肥えた土は、阿波の「かねぐら」を肥していたのである。下流では、旧吉野川が本流をうばわれ、南流したのは、徳島城の池に水をひき、舟運の便をはかるため、寛文一二年（一六七二）に水路をひらいたからで、人工的な流路の変更である。これによって旧吉野川の水路は衰え、潮水が入り不作がつづき、農民の生活をおびやかした。蜂須賀九世宗鎮に四四カ村の連判状をそえて、その第十に新川せき止めの普請を嘆願している。

こうして、宝暦二年（一七五二）農業用水の確保が成立し、その後さらに改修されて今日に至っている。

治水とは、必ずしも堤防を築くことではない。分流させたり、川底をさらうことも治水策であろう。特に、藩が堤防建設に冷淡であったことは、藍作が自然客土の洪水の恩恵にあずかるためといわれている。したがって部分的には、文化・文政・天保時代から堤防がみられる。明治以降吉野川改修は、善入寺島を遊水地とするとともに、岩津から上流を遊水地帯としている。池田町から河口まで八〇キロ、その中間点の岩津から下流を堤防でまもり、上流は堤防をつくらず水を周辺一帯に分水させる遊水策をとってきている。

しかしこの地の犠牲は甚大であった。今や高知県早明浦《さめうら》に、洪水調節の多目的ダムが昭和四八年三月、また吉野川北岸農業用水の池田ダムが四九年に完成して、遊水地帯にも堤防が築かれようとしている。この遊水地帯は竹林で守られ、池田町から川島町まで六〇キロにわたる。洪水防止として有意義であったのみでなく、この竹は、うちわ・かご・かさの加工業を促進してきたのである。こうして郡里《こうさと》の和傘は有名になっていたが、現在は、高松の旅館用のみとなり縮小している。

右岸と左岸を比較すると対照的である。右岸は支流少なくて長く、左岸は支流多く川は短い。流量も右岸多く、左岸は土砂を幹川に供給している。しかも、左岸は河床急で天井川をなし、表流水は全くない。山麓には典型的な扇状地をつくり、扇央は、桑畑やサトウキビに利用されてきた。扇端は湧泉帯に沿うて集落が発達している。最近、阿波用水や北岸用水によって、水田化されているが、果樹や花作り地帯が多い。この水に乏しい地形は、和泉《いずみ》砂岩層のためで、浸食はげしく、林町には、土柱群もみられる。一方南岸は、結晶片岩をなし、風化されにくく、土砂も少ない。しかし河岸段丘が発達し、池田町には四段もあり、集落の立地に適している。結晶片岩は阿波の青石として、古くから板碑のほか、庭石に利用されている。穴吹《あなぶき》川と貞光《さだみつ》川は横谷をつくり、自然の庭園を流域につくっている。しかし今次の台風六号は、家屋を流失し、死者一六人も出している。地滑り地帯として、知られているが、一宇《いちう》峡・土釜《どがま》は岩盤から白波うずまき、幽邃の気がただよう山里である。

貞光川上流の山村集落

流域の作物

この北方は畑作地帯であり、女たちは昔から働き者として知られている。「讃岐《さぬき》男に阿波女」とて、北方の女が、讃岐山脈を越えて嫁入りしたのである。またこの地方では、借耕牛《かりこうし》とて、阿波北方の牛が、峠を越えて、讃岐に役畜として働きに出ていったのである。峠で牛と別れ、また峠で米を積んだ牛を迎えて農繁期をすごしたのであった。

上流山間部では、古代忌部氏がカジ（こうぞ）や麻、そしてユウ（木綿）などを栽培し、朝廷に貢物としていたが、現在も川田和紙が残っている。中流域は藩政期に藍作、山麓では三盆糖として知られたサトウキビが栽培されていた。現在も上板《かみいた》町には砂糖を産し、京都の和菓子用として利用されている。明治三二年から輸入されたドイツの人造藍によって藍は衰退し、代わって桑やタバコが盛んとなる。現在中・下流域は、大根・人参の根葉にかわって、白瓜や漬物用のナス・キュウリの栽培が多い。大根は、鳴門の塩と結び「阿波たくあん」として有名であった。下流の低湿地帯では、米の二期作に代わり、蓮根そして鰻の養殖が盛んである。とにかくこの流域は、商業性の強い作物に敏感であり、換金作物への転換がきわめてはやい。こうして時代の波がはげしく、この流域の土地利用はめまぐるしく変動してきている。こうした畑作の不安定は、米つくりをまねき用水の導入となって、阿波用水が水田化を促進している。

「嫁にゃやるまい板野の村へ、夏の土用に足踏み車」水にめぐまれた南方の農民からみたら、この流域の水ひきの労働は大変なものであったろう。「私しゃかかさん藍園いやよ、夜水とるのがせこござる」も水に苦しむ娘さんたちが、この藍作りの労働を敬遠したことを示している。「阿波の北方おきゃがりこぼし、寝たと思うたら早や起きた」と藍こなし唄にある通り、大変な仕事であったようだ。

朝から夕方までかかって刈りとった葉藍を、夜中まで切り、そして翌朝には乾燥するのである。あつい夏の仕事であった。この藍は、特に女の苛酷な労働を強いていた。土間の中二階にある「ひろしき」という室は娘たちの寝間で、縄梯子は、作男たちの侵入を防いで安眠したのであろう。今も残る豪壮な屋敷は、当時の汗と藍の香りにむせるような迫力がみなぎっている。働くことをもって信条とした農民の残酷史が数多く伝承されている。

川の交通

交通の面では、明治中期に、高松と宇野間に鉄道連絡船が通ずるまでは、鳴門（旧撫養《むや》）は四国の玄関であった。鳴門海峡の大鳴門本土連絡橋によって、県民は古代の道の復活を切望している。開通以前は、吉野川の舟運も流域の大動脈であったのである。祖谷のろくろ師は川船によって製品を積み出し、また山岳武士の食料を補給していた。この川船交通は、藩政期に入って最も盛んとなり、米・肥料・塩・かめ・いりこを積んで上り、上流からは、まき・木炭そして藍玉を運んでいた。

沿岸には当時の船着場が残っている。船は京都保津川の船大工による高瀬船で二人乗りであった。上りは一人の船夫が長い綱で河原に沿って曳き、もう一人は梶をとったのである。徳島—池田線（八〇キロ）の下りは三日でも、上りは帆が使えないと一週間もかかったという。おおむね月に一度往復する程度で明治時代、船を一隻もっておれば、一町百姓程度の収入があり、船頭は米の飯ばかり食べていたという。吉野川流域で流通する物資はほとんどこの川船に積みこまれていた。一艘の船で六〇〇貫（二・二五トン）から一〇〇〇貫といわれ、平均して陸上輸送の馬に比べ二〇倍の輸送能力であった。もちろん藩は、通行税を取り立てていたのである。

しかし、この沿線に大正三年鉄道が開通し、やがて道路も三尺に拡大して、陸上交通がこの川船の姿を消していった。そして、もっぱら渡船として最近まで続いていた。動力船になっても、主に砂利運搬船のほかは、河川交通としての意義はなくなっている。橋も低い短い潜水橋時代から、車の通ずる橋となる。特に最下流の新吉野川橋は、一〇七〇メートルに達し最も長く、国道一一号線として、やがて鳴門に直結しよう。農地の接収が進まず、上流の吉野川橋と併行して、下流地域の交通の緩和を助けている。この近代的橋に対して、上流祖谷《いや》川には、重要文化財の指定を受けている「かずら橋」がある。山間峡谷の原始時代からの橋としての名残りをとどめているのみならず、祖谷という僻地の希少価値としてのこの橋は、今や観光橋として、有料であるが、冷汗を流して太いかずらにつかまりつつ渡り切るのは、一つの征服感を感ずる。そして名物祖谷そばをすすりながら、紅葉や新緑を賞するのである。高い山腹斜面には、藁葺の民家が点在し、隠居制も残っている。また書院造りの家もあり、日本の古代文化の源流の一端を知り得よう。一つ峠を越した大歩危・小歩危の奇勝も船下りによって楽しめる。

徳島本線に沿うて走ると、沿線の民家の中に、数段の石段の家々や土蔵が目につく。洪水に備えた古い家々である。下流では、昭和二一年の南海大地震によって、地盤沈下し、塩害がみられる。しかも工場群が吉野川伏流水を多量に汲み上げており、これを促進している。この下流のデルタ地帯は、新田地帯であ

祖谷のかずら橋

祖谷のかずら橋
(現在。写真提供：沼野博胤氏)

り、船舶の利用できる今切川を利用して工場群が進出して、今や水田は養鰻池に転移しつつある。昭和三年の吉野川改修により、吉野川は、たいした決壊もなく、水害は主に、支流と遊水地帯に移っている。山間部の支流の洪水が宮川内《みやごうち》川や穴吹川そして貞光川に多く、こうした地域をゆるがせにはできない。この上流地域は、年間降雨量三〇〇〇ミリの多雨地帯なのである。吉野川の最大流量は、岩津地点で毎秒一万五〇〇〇立方メートルもある。この水がまず安全に確保されるばかりでなく、広く四国四県の人びとが利用できるよう願ってやまない。

四　中国の川

斐《ヒ》伊《イ》川
出雲
横田
江川
邑智
江津
川本
三次
高津川
益田
阿武川
萩
日原
津和野
加計
可部
広島
太田川
南桑
岩国
錦川
鹿野
徳山
新見
落合
高梁
備中
成羽
岡山
総社
高梁川
津山
旭川
柵原
西大寺
吉井川

1　錦川

工業用水

中国地方には大河とよばれるような川はほとんどない。その多くが起伏の多い山ひだの間を流れ、海岸近くに多少の平野をつくって海に入っている。錦川もそうした川の一つである。もし河口を占める岩国に錦帯橋がなかったら、この川の名を記憶する人はほんの少数にすぎないはずだ。

しかし、そこに川があれば、川にかかわりあって生きている人たちがある。この川はその源を岩国からずっと西の方の鹿野町の山地に発する。鹿野町は盆地になっていて、盆地の水をあつめて、もとは水量のゆたかな川であった。そして徳山から山一重のところまで南流し、そこから大きくうねって北流し、広瀬の盆地に入り、出合橋というところで北から流れ出た川と合流して、ほぼ東南に向かって山の間を縫うて渓谷を作りながら岩国で海岸平地へ出てくるのである。

この川の上流流域である鹿野盆地は、ひろい水田がひらけ、いかにも豊かさをおぼえるところであるが、三〇〇年ほど前に岩崎想左衛門という豪農が、その財産をなげうって漢陽寺山の下に九〇メートルほどのトンネルを掘って、錦川の支流の渋川から水をひいて、旱魃知らずの美田を作りあげた。そのトンネル潮音洞は、現在山口県の文化財に指定されている。

この潮音洞からずっと南へ下って、錦川が東へ方向をかえようとしているところに、向道ダムがある。

そこは徳山市のうちになっている。そのダムは山の南側の徳山市の海軍燃料廠へ水を送るために造られたものだが、戦後は徳山を中心とする大工場の工業用として利用され、さらにその下流の菅野ダムとともに、徳山工業地区を形成するのに大きな役割を果たしている。

岩国城から見た錦川

このように、錦川の水はその流域というよりも、流域の南側にある周南海岸を工業化していくために利用されることが大きかったのだが、それではその流域はというと、広瀬から南は全くの峡谷で、その沿岸は生産も文化も著しくおくれたところである。山口県下に「山代の馬鹿話」という一連の笑話がある。山代というのは錦川中流の山地のことで、そこに住む人たちは田舎者で、そのために岩国の城下に出てきていろいろの失敗を仕出かす話である。この系統の話は各地に流布されているが、対象となっているのはたいてい山中の村である。山中の村々も、そのように開けていないところと周囲からは見られていたが、早くから紙をすき、また建築用材や薪炭材などを川を利用して岩国に送り、周囲の人たちが笑うほど文化はおくれてはいなかった。

ことに南桑《なくわ》というところは川の重要な港で、そこには南桑船とよぶ川船が、多いときには四、五〇艘もいて、

錦川にかかる錦帯橋（岩国市）

沿岸から産出する物資を川口の岩国まで運び、奥は広瀬のあたりまでのぼっていた。また、松や杉は筏に組まれて、これもまた岩国まで運ばれたのである。

錦帯橋

岩国は吉川氏の城下町で、関ケ原の戦に敗れて出雲一四万石の大名から、毛利家の支藩として、ここにおちついたのは慶長六年（一六〇一）一〇月であった。そして、錦川右岸の横山の地に居館と家中屋敷をおき、慶長八年には横山山上に城を築いた。この城は元和元年（一六一五）には一国一城令が出るに及んで破却を余儀なくされ、城完成から破却までわずか七年間存在したのみであった。今その城址に新しい城が築かれている。

錦川は、もとは洪水がきわめて多かった。そして武家屋敷町の横山と対岸の錦見の間に架けた橋は洪水のたびに流された。その流失を防ぐために工夫したのが五つの反橋で、民衆はこれをソロバン橋といった。その完成を見たのは延宝二年（一六七四）一〇月のことであった。一般には錦帯橋とよび、その形とその堅牢さのゆえに天下に知られたが、昭和二五年九月一四日のキジヤ台風のために流失し、現在あるのは昭和二八年に再建せられたものである。

いま錦川を上下する川船の姿はほとんど見かけない。しかしこの川によって、山口県南部および岩国付近の工業は支えられているといっていい。と同時に、この川筋は瀬戸内海と日本海岸を結ぶ重要な交通路にもなっている。しかもこの川が流し出す土砂が、川口に大きな広いデルタを作った。麻里布の新開がこれで、近世初期三万石の領地は、幕末頃には八万一〇〇〇石にふえ、明治になると、麻里布の新開に桑を植えて、山口県東部の養蚕業の中心になっていった。そしてそこが、今は工業地帯として異常なまでの発展をとげている。

背後の山中の村々は道路の改修によって、半径二〇キロにわたる範囲が通勤区域になった。川の果たす役割は、その時代時代によって変化を見ているが、時代が下って、産業の近代化がおこなわれるようになっても、この川は依然として大きな役割をにない、これを果たしている。

2　太田川

広島と太田川

ちかごろは広島の空もスモッグでよごれはじめたが、もとこの町の空はよく澄んでいて、周囲の山が実にくっきりとしていた。そしてまた広島の市中を流れる川も澄んでいた。大きな町の中を流れる川の水が、こんなに澄んでいたところを、私はほとんど知らない。その空とその水のきれいなことで、この町にかぎりない愛着をおぼえたものであった。

広島に流れ出る川を太田川といった。そしてその川が市街地の北部でいくつにも分かれ、デルタを作って海に入る。その分流を西から言って己斐川・天満川・本川・元安川・京橋川・猿猴川となっている。己斐川はもと細く水量も少なく、まがりくねっていたが、今は川幅をひろげ堤防を高くして放水路になっている。

広島が都市として発展しはじめたのは、天正一九年（一五九一）からであって、毛利輝元が豊臣秀吉の大坂城を見ならって、ここに城を築き、城下町を形成したことに始まるといわれている。それまでは、太田川の裾にはデルタが発達し、また比治山・仁保島・江波・宇品などの島山がデルタの上や付近に散在していた。

それらのデルタを埋め立て、デルタとデルタの間に橋をかけ、町づくりをし、国内の村々から武士を移住させ、また町人を住まわせた。川裾に作られた町であるために、江戸時代にはしばしば大洪水に見舞われている。しかし大洪水のあるたびに、土砂が海面を埋めて新しい陸地をつくり、そこが住民によって田や畑にひらかれた。そうした土地を広島では新開といった。

相つぐ洪水に、川の堤もしだいに築かれるようになったが、その初めは殆ど堤防もなかったようで、それも洪水の被害を大きくしたとみられる。

しかし広島は太田川によってひらけ、発展していったと言ってもよい。この川の上流地方には中世以来厳島神社の社領が多かった。山県郡志道原荘・壬生荘・佐東郡桑原郷などがそれで、そこで取り立てた年貢は、川船で川口に運び、さらに海の船に積みかえられて厳島に送られた。その輸送途中、年貢米をおさめておく倉が、新荘（広島市）に設けられ、広島は中世後期には港としても発達しつつあった。

広島市内を流れる天満川と本川

川の役割

それが、城下町としての広島が発達するにつれて、太田川の果たす役割が俄然大きくなってくる。寛永八年（一六三一）の末の調べによると、広島には五五の町があり、戸数は五七四一軒にのぼった。仮に一軒平均四人いたとしても、二万三〇〇〇余の人口がいたことになる。それだけの人たちが日々の炊ぎをするための薪炭の量について考えてみても、おびただしい数字になる。それらの多くは、太田川上流の村々から伐り出し、広島へ送られたのであった。家を普請するための材木も、上流の山地が多く供給した。戸河内・筒賀などは大きな杉の茂っているところであったから、それを伐り、筏に組んで川を流したものであった。材木は二間、三間の長さに切り、木の端に孔をあけ、そこに葛蔓を通して結束し、幅一間ほどのものをつくる。それをまた、三つなり五つなり縦につないで一つの筏にする。その筏に、二人または三人乗って川を下してゆくのである。筒賀から加計の町までは急流で、しかも川原は大石小石で埋まっていた。そして洪水でもあると、水路をつぶしてしまうことがあるので、そういうときは村人足が出て瀬ざらえをしたという。薪やその他の物資を運ぶには、ヒラタとよばれる川船が多く利用された。『芸藩通志』によると、筒賀に四艘、殿河内に六艘、加計に一五艘、津浪に二艘、坪野に一〇艘、穴村に一二艘あったことになるが、実際にはもっと多かったのではないかと思う。そして明治になると船数はさらに激増する。町が大きくなるにつれ、また山地の村の生産があがるにつれて、川を利用して運ばれる物資の量は増大の一途をたどった。そして川の中流にある加計は、その重要な港であった。ここには加計という旧家があり、鉄山親方として栄えていた。そして太田川奥地で生産された鉄材も、ここから川船で広島へ送られることが多かった。

また上り荷には塩と石灰が多かった。石灰は草肥などの効果をあげ、また稲の病虫害を防ぐために水田に入れた。それらの荷を積んだ船を、船人たちは綱をつけて川原を曳いてのぼってゆくのである。これはつらい仕事であった。川原が砂のところはまだよいが、加計から筒賀までの間は石ころばかりになる。それに流水もはやかった。

川の港は水の淀むところにあって、そこまで来ると、皆ほっとしたものであった。村人たちはその川港まで行って、塩を買い石灰を買って、自分の家まで背負って運んだ。

太田川は西岸に山のせまった峡谷の間を流れる。可部の町へ出るまでの間は、眺望のひらけたところはほとんどなかった。可部まで下るとはじめて平野に出、流れもゆるやかになる。風のある日は船に帆を張って川を上下した。その白い帆が土手の向こうをゆくのが見えた。白い帆はいくつもいくつもつづいた。

河水澄む

太田川は、こうして広島の町にいろいろの生活物資や生産資材を運び、また山中へも生活物資や生産資材を運んだ。同時にまたこの川は、沿岸の人たちに川魚を供給した。清流にはアユが多く、そのアユは鵜などを使ってとった。そして、それは鎌倉時代の古文書にも見えているという。頼杏坪も文化二年（一八〇五）可部で鵜飼を見ている。この川には、ところどころに簗も仕掛けてあったようだ。船行をさまたげないようにして。川にはアユばかりでなく、ウナギ・コイ・ウグイなどの魚も多かった。そうした川魚のたのしみも味わった。出水のために川水が暴れないかぎりは、この沿岸に住む人たちにとって、これほど親しみの深い自然はなかったのである。しかもこの川は、上流から下流まですべて広島藩領の中を流れており、身内の川としてこの川を大切にしてきた。川がいつまでも澄んでいたのはそのためでもあった。

ところが昭和一八年頃、松原に発電所ができることになって堰がつくられ、それから上流へは船がのぼらなくなり、川を利用する運輸は急に衰えてくる。そして川に沿うた車道の開発が進み、汽車もまた戸河内まで通ずることになった。と同時に、沿岸の人たちの川に寄せる心もうすらいできたし、川の情緒も失われてきた。それは日本各地の川とはとんど変わることがない。

ただ上流の樽床にダムがつくられ、その下流の三段峡を景勝の地として訪れる者が多くなって、観光地としてここに心を寄せる他所者はふえてきた。

3 高梁川

一〇代続いた渡守

かつては、成羽《なりわ》川に橋を架けることは、かなり困難をともなったことであった。そのために、渡船が各所にあった。『川上郡誌』（大正九年刊）によると、当時の川上郡の橋梁数と渡船場数は、橋では長さ三〇間以上が五、三〇間未満が三〇三、渡船場が二〇カ所となっている。

渡船場は、ほとんどが成羽川である。なかでも現在の備中町が最も多い。用瀬・志藤・長屋・阿部山・長砂・田原・笠神・佐原目・信《のぶ》・清川内《せいごうち》と一〇カ所が備中町にある。阿部山の川原には、七〇年前の渡守の建物（一間×二間）が、昭和三九年頃まであった。渡守を稼業として、渡守は家族と共に住み、一〇代にわたって渡守をつづけた。川の歴史と生活を、一〇代見つづけた民衆のあかしの家が、新成羽川ダムという大きな力のまえに、消えていった。この渡守の家の保存は、どうなったのであろうか？　この渡場のすこし下流に、有名な笠神の文字岩がある。笠神の瀬は急流であったにちがいない。一〇余の瀬がある。この船路開発に薩埵の慈悲と助けをかり勧進して、徳治二年（一三〇七）七月～八月に船路を完成した。この記念すべき難工事の記念石も水没の運命にあった。

送り船頭と迎え船頭

「積み荷が少ないと高瀬船が痛む」と高瀬船船頭は常にいう。積荷が少ないのは、川の水量が少ないということである。高瀬船の親方船頭は、川をくだる時は、川岸に立って水量、水勢を見つめる。この水量で高瀬船にどのくらいの積荷ができるかを判断する。水量が少ないときは、高瀬船でくだるときものぼるときも、「石の上にのる」といって、川石が船底にあたる。

10 代つづいた渡守の家（備中町）

水量が少ないときは船底を痛めるが、高瀬船がのぼってくるときは曳きやすく、曳綱船頭にとっては楽なことになる。高梁川では、オモテノリ、ナカノリ、カジトリという三人の船頭で高瀬船にのる。オモテノリは、親方船頭である。サオマネキなどともいわれる。ナカノリは、船頭見習者で若者がのり、「大山《だいせん》おがみ」「北むき船頭」などといわれて軽視されるむきもあるが、一線をしりぞいた老船頭がのってナカノリの座にあって、かえって操船技術を教示することもある。親子船といって一般の高瀬船で親子兄弟がのる場合が多く、このような船頭構成によって操船技術を伝承した面も多かった。高梁川の上流地帯では、曳綱船頭を一人—二人たのむ。河川水運の底辺を支えた曳綱船頭の呼称は、実にさまざまである。ツナヒキ船頭・ヒキヅナ船頭・ツナサバリ・ソエヅナ人・ソエビト・オクリ船頭・ムカエ船頭・ヒキコ・イセキコシ人・バンテ・ヤトイ船頭・ヤトイド・シタコ・デシ・コセンドウ・ツナビト、その他さまざまである。親方船頭には、それほど多くの名称がないのに、曳綱船頭には、どうしてこんなにもいろんな名称がついたのであろうか。

　全国河川の曳綱船頭の名称だけを集めて、それを分析する仕事だけでも、かなりの大きな仕事である。日本の民衆の底辺を探求することは、非常に楽しい仕事である。送り船頭は高瀬船を下流から曳きあげる船頭、迎え船頭は上流から高瀬船をむかえて曳きあげるのである。高瀬船にのっているカジトリ、ナカノリをカコセンドウといって、高瀬船が川を遡行するときは、曳綱をにぎる。高瀬船に二人だけの船頭で川をくだって、のぼりには曳綱船頭をたのんで曳きあげる。曳綱船頭を送りだす集落でも、送り船頭・迎え船頭の二つのタイプがあり、それぞれの特色をもっている。

　総社市草田の曳綱船頭は、多くは高梁、成羽あたりまで高瀬船を曳きあげ、高梁川本流では、新見市井倉あたりの迎え船頭と交替する。成羽川では、備中町湯野から迎え船頭が成羽、高梁まで高瀬船

親方船頭とカジトリ船頭

をむかえにくる。下流の曳綱船頭が上流まで一貫して高瀬船を曳きあげることもあるが、これは労力も大変なことである。曳綱船頭は、それぞれの地点でそれぞれ交替する。高瀬船の運航組織や廻船問屋、操船技術などがこの迎え船頭、送り船頭と深いかかわりがあり、調査してみると面白い点が多い。新見から高梁にくだるとき、操船技術のいる急流の瀬では、操船技術の未熟な船頭にかわって、タノミ船頭といって、その瀬をのりこえる老練な親方船頭にたのむことがある。もちろん熟達した親方船頭は、そんなことをし

ないで高瀬船で川を一気にくだる。

梁株と梁漁

成羽川では、簗《やな》の設置場所が、かつては布瀬・シヤウヤ・志藤・ゴウゼ・井川・田原・笠神・柳平・ハナゾなどにあった。これらの簗が廃止されてから年月がたっている。成羽町新山、備中町惣田の簗は、県に許可を得ていたので廃止されず、ながく存続した。

簗は、河川の一定水域を、竹簀などでしだいに狭く遮断して、その最奥部に乗り上げた川魚をとる。簗は船運の障害となり、いっぽう魚族の濫獲になるので漸次禁止されていった。備中町惣田の簗は、簗庄尾が中心となる。簗庄屋は尾頃家（成羽町布寄）である。簗漁をする人は、簗株をもっている。簗株は三〇株を限度としている。かつては一人一株制度であった。三〇人が簗株の権利をもっていた。この制度を本口《ほんくち》といって、簗庄屋を中心にして簗世話人が数人いた。簗株をもちたい人が油野、井川、成羽町吹屋にでてきたので、簗株を分割して一株を二人でもつようにした。これを本口に対して半口《はんくち》という。簗組合があり、簗を設定する人を簗棟梁という。山村では地元民が総出で簗を設定するところも多かった。大型の簗を設定する地区では、専門化した簗棟梁に簗の設定を依頼することもある。

簗の仕事は、共同作業でやる場合が多かった。ユイのような労働慣行もあったようである。労力提供のブゼキと、資金を提供するカネゼキがあった。簗設置場所は、川水のせぎるところがよい。約三〇度の角度で、川の両岸に高さ一メートルくらいの石を積み、竹を枠のように巻く。これをマキザオルという。石でせかれた川水は幅約三メートルほどのウドグチに達し、ウドダナ（一番ダナ）に川水が流れこむようになっている。ウドダナを編む縄をアミソという。下棚を支えるためにマタギがあり、ウドダナの両側で支えている。大きな簗では、一～四番まで竹のタナがある。全長一六メートル、ウドダナの幅は、広いところで、五メートルにも達する。

参考文献

『岡山民俗事典』（岡山民俗学会編）
『郷土の生活史』（土井卓治、三浦秀宥共著）
『岡山の交通』（藤沢晋著）
『岡山地名事典』（巌津政右衛門編）
『美作の民俗』（和歌森太郎著）
『備中町史　民俗篇』（備中町史編集委員会編）
『新成羽川ダム水没地区の民俗』（岡山県教育委員会編）
『岡山県高梁川の舟運習俗』（湯浅照弘著）

4　旭川

岡山市牟佐の頭屋祭

岡山市牟佐《むさ》には、旭川を上下する船を監視する船番所があった。岡山市北部に位置する牟佐からは、旭川の清流がのぞまれる。牟佐の高蔵神社の頭屋祭は、頭屋を中心として行なう。この頭屋祭には、コンガラという巫女が参加する。神事舞いがこの頭屋祭の特色あるものとされている。

神事舞いは、布舞い、神楽、だんご舞い、杵舞いなどに古風をとどめる。杵舞いは「大きな大物進じょう　もう一本進じょう」と唱えて、当人が俵を股にはさんだところに杵をつっこむ行事、嘉永二年（一八四九）の記録では、「毛のうしょうしょはえたる物進ぜう」と唱えたといい、杵は男根、俵は女陰を表わすといわれる。稲の豊穣を願って、男女の性行為のさまを頭屋神の神前にて演じた牟佐の頭屋祭は神聖、真摯な村人の行事であったにちがいない。

美作および備中北部の宮座による頭屋祭が、岡山県には残されているが、頭屋祭が一つの河川水系をめぐって地域的にどのようなかかわりあいをもっていたものか、つまびらかではない。この牟佐から遠くない大久保の渡では最近、一七年間も渡船の船頭をしていた戸田毅さんが、ふたたび老骨にむち打って渡船の長棹をにぎったといわれる。筆者も、前の職場が図書館の自動車文庫辺で、このあたりはよく歩いた。一時綱渡しの渡船であったと記憶している。

高瀬船の船大工

真庭郡落合町下見《しもみ》（現・真庭市下見）の小椋《おぐら》元助さん（明治三〇年生まれ）は船大工である。四人兄弟であった。父京太郎氏より川船造船の技術を習う。兄弟四人船大工になった。次兄は船大工の技術を見込まれて、岡山市船頭町の植田家へ船大工として養子にゆく。岡山北部の山村から南部に養子にゆくのに、小椋さんのような技術を身につけているものは、有利であり良縁ともなった。船大工・こびき・杜氏などが川をパイプにして、北部から南部へと移動して交流を深くした。小椋さんは、三代まではたしかに船大工をしていたが、それから先の先祖のことはわからない。真庭郡落合町の法界寺、野原、舞高各地区の高瀬船、川船を二〇〇艘以上つくった。高瀬船には、船頭の二人乗りと三人乗りがあった。大きさはもちろんちがっている。三人乗りはオオブネ、二人乗りはヒセンという。渡船、バラス船（川石を積む船）、漁船も作った。渡船にも二種類あった。農作物、日用品、牛馬をのせるのと、人間を渡すのがあった。

落合町より下流では、牛馬、農作物を対岸に渡す渡船が、大正はじめ頃より、注文がよくあるようになった。人間だけ渡す渡船は、シキの長さが一五尺あった。高瀬船のシキは松、モトギは杉であった。船材を見さだめるのは、船大工の大切な仕事である。小椋さんが山にのぼって立木を見さだめる。コビキ二人をたのんでタテビキしてもらう。川船の材には、神社仏閣の境内の木がよいといわれ、落合町木山寺の立木をよく買取ったという。

立木の中にウチクギをしてあるのを見つけると船大工は喜んだ。

高瀬船をつくる仕事場は、川原にあって、船台としてハリ七間、ケタジキ一二間の材木を置く。親方船頭は、高瀬船がリンギにすえられる前に「木をみる」といって、船大工の仕事場で船組みを見る。このとき、これでよいと親方船頭が納得すると、船大工にマエギンを渡す。船大工と親方船頭が神酒をかわす。親方船頭によっては、いままで使っていた古船をシタドリしてもらい、新しい高瀬船建造を依頼する者もある。そのときはアイギンといって、古船を船大工がいくらかで買取って差引いたもので、新造船をすることもある。こうして、高瀬船船頭の負担を少しでも軽くしようとする。

古船は、補強改造され、上流地帯の積荷運搬や農船として再利用される。成羽《なりわ》川の船大工の赤木道夫氏の造船記録「万覚帳」（大正八年〜昭和元年）の中にも、かなりの古船を買取って赤木氏が改造して、他の船頭、農民に売られているのを見ることができる。小椋さんが船大工になってはじめての仕事は、漁船をつくる手伝いであった。一年ほどして、土方《どかた》船といって河川工事用の川船をつくった。高瀬船のむずかしい仕事は、シキからアタマ（船首）にかけてのそりをつけるところである。アタマとシキのつぎめのところにセモチアナをあけた。

高瀬船（観光用に復元したもの）

船材の木を山から運び出す人をダチン師といった。このダチン師は下見地区に多くいた。一本の木を二人でかついで山からおりた。高瀬船の櫂は、かし材でオモテ櫂、ナカ櫂とがあった。舵はヒノキ材で、船大工は、立木を見ることが大切で、枝を見、葉を見る。葉色の黒いのは船材として不適、赤味がかった葉をした立木がよい。枝のたれさがっているのは、船材には適していない。天然樹が船材にむいているという。植樹林は船材としては使わない。小椋氏は船大工の仕事のひまなときは、高瀬船の船頭として働いた。小椋氏の住む下見地区は、落合町の廻船問屋、生駒家の息のかかった船頭が多かったという。生駒家といえば、無声映画が娯楽の花形であった大正から昭和初期に、「新宿の夢声か　浅草の雷遊か」といわれた活動弁士として、東京の人気を徳川夢声と二分した生駒雷遊の生家である。雷遊は、岡山県商（現・岡山東商高）卒業で、筆者の先輩ということになる。

河川漁業とサンカ

サンカの河川漁法には、特色があったようだ。筆者などは、三角寛博士のサンカに関する労作・著書より断片的に知見する知識しかないが、岡山県三大河川には、サンカの漁撈者の活動した足跡を、いまでもうかがい知ることができる。そのような人たちの集落もある。

釣糸のことをサンカ糸と、旭川の上流地帯ではいっている。こういう地帯には、サンカの影響が河川漁撈に及ぼしたものも少なくなかったであろう。竹製の魚籠なども、フゴといって非常に美しい。県北の魚籠には、サンカの手になるものが多い。旭川上流地帯では、サンカのことをサンカフォイトウ、カワラモノと土地の人はよんでいた。

サンカは土地の人とかかわりあいをあまりもたなかった。夜漁と個人漁のひっそりした独特の漁法を中心としたため、いまだ漁撈などでもつまびらかでない点が多い。川原で火を燃やして夜漁をやっているから、サンカの人たちだな、と土地の人は思って朝早く川岸に立つと、サンカの一群は、もう川原の小屋をたたんで川霧の対岸を上流に向かって歩いて消えてゆく。忽然と現われて川漁をやり、忽然と去ってゆく。

サンカと土地の人が交渉をもつのは、サンカの女たちが川辺の村々に川魚を売り歩くときだけである。このとき、箕、とおしなどを一緒に売ることもある。川魚をにぎることを、阿哲郡神郷町（現・新見市神郷）あたりではヤニギリという。この神郷町あたりまで高梁川水系のサンカは、さかのぼってやって来ていたようで、中国山脈をこえて山陰側にはゆかず、周辺の支流を行動範囲としていたようである。旭川では川魚だけでなく、川べりの蔓を採取していたとも、土地の人はいっている。蔓は山によって性質の良し悪しがあり、蔓をとるために山村に定着したサンカもいるということであるが、私はまだたしかめていない。サンカが川辺に定住するとともに、捕獲した川魚を周辺の農村に女が売り歩いている。男は採取・労働、女は販売と分業しているのも、海村の漂泊漁民と同じであって、物々交換の農村にとけこんでいることは興味ふかい点である。

サンカがとらえたヤマメ（高梁川上流）

サンカの人たちは川魚を非常に大切にし、川を信仰したという。川魚のアユ、ハエなどを捕採し焼魚にし農家向けの保存魚として、実にゆきとどいた商品として売り歩いた。とくにこの地帯では、サンカの娘、若嫁が川魚を売った。村の男たちが手をだそうとしても彼女たちは、女としての貞操感が強かったという。土佐の物部川で、鵜の徒歩漁をやる漂泊漁撈者がいたことを聞いている。

5　吉井川

西大寺の裸祭と会陽船

吉井川の河口から、しばらく川船でのぼったところに岡山市西大寺がある。西大寺観音院の会陽《えよう》は県下でも有名であるとともに、日本三大奇祭ともいわれ、全国的に知られている。

会陽とは、裸祭に参加する人たちが、エエヨウ　エエヨウと掛声をかけることからいわれるようになったともいう。この会陽は旧一二月二四日に事始めとして、シンギ（神木）を製作する道具をとぐことからはじまる。二六日に餅搗き、二八日午前零時、シンギの原木をとりにゆく。シンギを規定の形、大きさに作る。一月一一日から一三日に地押《じお》しが行なわれ、一四日夜から一五日未明にかけて本押しが行なわれ、この夜がいわゆる会陽、裸祭である。この会陽がすんでエシキ（会式）が一カ月ぐらい続く。吉井川の向洲《むこうず》で植木、瀬戸物、農機具の市がたつ。筆者にとって子供の頃のなつかしい思い出は、裸祭よりもこのエシキであった。エシキの市のたつ広場には、サーカス、映画、のぞきからくりなどがあった。露店も並んでいた。「吹け、吹け　ドン、ドン」といった卑猥な見せものがやってくるのも、このエシキのときだった。筆者の子供の頃には、そんなきわどい見せものはなかったが、とくに賑やかであった。「西大寺のエシキがすまねば春にならない」と土地の年寄りはいっていた。

エシキがすむ頃、岡山平野に静かに春がやってくる。農村は春の農作業が急にいそがしくなってくる。

この裸祭、エシキには、さまざまな人が集まってくる。信仰と娯楽と射幸心をミックスした善男善女、商売人、芸人、博徒《ばくと》が西大寺観音院に集まってくる。これらの人たちを運ぶのが軽便鉄道、人力車、高瀬船である。会陽に参詣した人たちは、必ずやこれらの交通機関に思い出があると思う。西大寺会陽に参詣する人たちを運ぶ高瀬船を会陽船、西大寺船などという。人を乗せる高瀬船をヒトブネ、ヒセンともいったが、西大寺会陽には、ヒトブネが繁昌した。岡山県の三大河川や海を、人を積んだヒトブネが往来した。

西大寺と吉井川

この西大寺の会陽には、ばくちをよくやった。高瀬船でばくちをやっているところを巡査に発見され、川の中洲に高瀬船で逃げこんだ、という話を柵原《やなはら》町飯岡《ゆうか》（現・久米郡美咲町飯岡）の高瀬船船頭に聞いた。

吉井川沿岸の小学生は、高瀬船に乗ってエシキに参加した。旭川上流からも会陽船は出ていた。岡山市平井から倉安川に乗りこむ。筆者の居住する岡山市海吉を、その倉安川が流れている。高瀬船を通航させるために、倉安川を横切る石橋は、みんな太鼓橋であった。その太鼓橋の下を通る会陽船に向かって子供たちは、こう言った。「おっつぁん　おっつぁん　銭《ぜに》をくれ　銭をくれなきゃ　〇〇〇《チンポ》を出せ」その他いろんな卑猥なことばを投げかけた。すると太鼓橋の下から銭やみかんを投げあげてくれた。土地の大人たちは、こんな子供の行為を会陽の日だけは黙認していたが、小学校の先生がそんな卑猥なことを言ってはいけないと取り締まった。そうこうしているうちに、倉安川から高瀬船は消えていった。成羽川の備中町田原では、西大寺会陽のとき、高瀬場に旗が立ち、ここからたくさんの人が湛井まで高瀬船にのり、そこから汽車にのった。途中の高瀬船でばくちをよくして湛井の川岸におりたときには、西大寺までゆく金もなく、船の人に借金をして裸祭にでかけた、という話もある。井川から湛井まで人をハセニ（荷船のはしにのること）したとき、一人三五銭だったという。岡山県で生まれた七〇歳以上の老人たちであれば、会陽船に乗った人は多いと思う。

吉野川のコダシ船

吉井川の上流吉野川では、コダシ船・コブネといって小型の高瀬船が積荷を飯岡まで運搬し、飯岡で大型の高瀬船に積みかえた。また田原井堰が夏に農業用水確保のためしめられる。それから下流の高瀬船輸送は、和気町田原上、田原下、佐伯町（現・和気町）天瀬《あまぜ》の三村だけの権利となる（「万波家文書」）。吉井川の高瀬船を津山押立といった時代、上納米を運ぶための川船番所があったのも、この飯岡である。ここで比較のため、旭川・高梁川の上流地帯に就航した川船についてのべる。

旭川水系でも、備中川をコガワといって小型の川船で落合町まで運んだ。現在の県立落合高校のところに金田という豪商があり、この付近一帯が河港《かわと》である。そこが船着場で、貨物を積む高瀬船をオオブネ、平田船などをコブネといった。高梁川支流、成羽川上流を運搬した小さい川船を、小高瀬・カンコ船・ヤゲン船といった。高梁川、吉井川でも上流のことをアラカワという。水流がはげしく、川床が浅く、川中に石がごろごろしている。こんな荒川で積荷運送する船頭が、もっとも川の性格をのみこんでいる。積荷を川船に少しでも多く積もうとすると、大水《おおみず》のときがよい。高瀬船の積荷は、河川の水量によって左右されることが多い。水量によって上水《じょうすい》・中水・下水（渇水）という。

高瀬船の船着場をハマという。旭川では積荷の目方は、このハマに目印の石などをこしらえて、今月はあの石の頭のどのくらい見えるから一二〇〇貫水《みず》だな、などといっていた。松尾惣太郎氏の「徳川時代河川行政の一考察」という論文のなかに、船問屋で竹で作った鯨尺二尺の物差の記載があり、徳川時代には、船着場に立てられた分杭《ぶんぎ》で水量をこの物差ではかり、その日の高瀬船の積荷を決定したものである。二尺の物差は竹製で、毎日水中に立てられたために計器の末端はちびて、竹は古色を帯びて、所々虫の喰った穴が見うけられた。この物差は、新見藩の水運行政を知るための貴重な物件である。総社市草田のハマでは、棒がたてられている。その棒の水位によって、瀬の深さが親方船頭の頭の中で計算される。棒の水位が一尺五寸なら上水、七分なら下水、その中間が中水である。この棒の水位の基準になる瀬は、サルゼ、ナカゼなどであった。吉井川では、飯岡あたりで石垣のすきまに竹をさしはさんで、水量を測定した。このように石や棒を目印にしていたことはおもしろい。高瀬船船頭の生命と生活を守った水量の目印、測定具も消えさっていった。

平田船（旭川）

柵原鉱山と鉱石船

吉井川の柵原鉱山の鉱石運搬に、高瀬船が活躍した。鉱山所有の高瀬船をテブネという。会社のテブネ以外に、飯岡を中心にして上流の瓜生原《うりゅうばら》あたりからも、柵原鉱山の鉱石を運ぶ運賃かせぎの高瀬船があった。柵原鉱山にやとわれることをきらう高瀬船船頭もあったようである。この鉱石粉末をゾウキンコ・ホウロクなどといった。

これが高瀬船の船底にたまると、船足をにぶくすることにもなるので、鉱石を積むときは船底に竹簀をしいて鉱石を積んだ。積荷を目的地で陸揚げしてから、船底をきれいに洗う仕事をこまめにやらねばならなかった。

柵原町飯岡は、かつては河港というほどの重要なものではなかったのが、明治期より柵原鉱山の鉱石運搬をする高瀬船が蝟集するようになった。飯岡を中心として、その上・下流に船頭集落ができ、高瀬船がにわかに活気づいてきた。吉井川流域には、柵原鉱山をはじめ大小の鉱山があり、明治期の資本主義興隆時代に、鉱山業の発展とこの鉱石運搬に尽くした高瀬船の寄与は大きい。柵原鉱山の発展も吉井川中流に位置し、鉱石輸送を吉井川運にゆだねたが、大正期には、トロッコ輸送にかえられた。

倉安川の肥船

筆者が子供の頃、倉安川には肥船《こえぶね》が浮かんでいた。百間川から東の川筋の農民は、西大寺町（現・岡山市東区西大寺）、百間川より西は、岡山市に人糞をくみとりにゆく。人糞を運搬するには肥船が使われた。倉安川は、吉井川と旭川とを結ぶ運河である。津田重二郎永忠が完成させた。この倉安川の開通した延宝七年（一六七九）一〇月二一日から一二月一〇日までに、約一〇〇〇艘の川船が通ったと記録されているところから、運河として重要な役割を果たしていたのであろう。

高瀬船は、倉安川を通航することによって、海を廻るより岡山の城下町へ一二キロの早道コースとなる。肥船は平田船であった。浅越・広谷・松崎・大多羅・中川・海面・福泊・山崎・湊・平井の集落から、肥船は曳綱をもって倉安川をのぼりくだりして人糞を運搬し、田畑の農作物の肥料とした。盆、正月に肥《こえ》をもらった町家に、もち米を一～二升持参する。岡山市中島の遊廓の人肥は、よく農作物にきくといわれ、肥船をひく農民は、くみとるのをよろこんだ。

倉安川の中川部落は、江戸期の文書を見ると川船が多い。上古の旭川は、岡山平野を斜行して操山《みさおやま》山塊の東端から海にそそいでいたという説もあり、中川は古い河口にあたる。近世のはじめに、中川村地先に益野新田が開発されたのちも、潮川が深く入りこんでいた。筆者の父が「中川は、昔から文芸が盛んで村人の気質も新田農民とちがう」といいながら、都々逸や俳句にこの村によくでかけていたのを憶えている。川船の操船、肥船のさばきも、この村の人はうまかったという。クチイレ屋といって、農繁期に讃岐、阿波のオヤッチョさん、ねえやんといった農繁期季節労働者を仲介する家も何軒かあり、クズシ屋といって、川魚の身を砕いてハンペンのような食べものをつくる家もあった。

この中川部落は、開発新田村とはちがった気風をもつ村であった。筆者は、何か海村とつながりをもった人たちがいたのではないかと思っている。児島湾より遠い陸つづきになった中川集落も、潮川を通って海にでられる。今は陸化した岡山市平井・白石なども、かつては漁民の多い海村であった。中川もそれに近い性格の村ではなかったか。倉安川の沿岸に定着した海人の末裔が、小さい運河で小さい肥船をひきあげて、農民化していった。こんな夢を中川部落にもっている。こんな歴史はどこにも書かれていないが、海人が海で生きるのではなく、川で生きてきた事例も多い。この村は、静かな農村であるが、岡山市のベッドタウンになるであろう。

6 阿武川

萩と阿武川

毛利輝元が慶長五年（一六〇〇）関ケ原の戦に敗れて、中国九カ国の大守から防長二国に削封され、萩に移って来たのは慶長九年であった。萩は阿武川下流の松本川・橋本川が作る三角洲にあった。そこはもと川島荘とよばれたところで、百姓たちは三角洲の上に水田をひらき、平凡な農村生活をつづけてきていた。それが突然、三六万石の大名の城下町になることになり、三角洲の西北隅にある指月山の下に築城の工事がおこされたのが、その年の六月。一一月には城完成をみる前に輝元の入城があり、町割なども行なわれて、にわかに活気をみせてきた。

輝元は、そのまえに広島県太田川の川口の三角洲に広島城を築き、城下町としての広島の町づくりをした経験をもっている。萩の城下町建設にも広島での経験が多分に生かされたであろう。広島も萩も川口のデルタの上に作られていることで共通し、しかも城下の区域は川に包まれている。また城はともに平地に建てられていて、その規模もほぼおなじようなものであった。

ただ阿武川は太田川ほど大きくなく、奥も深くない。そして川の両岸は山地で、平地らしいところはほとんどない。それだけに薪炭材の供給をあおぐには適していた。毛利氏が萩に築城工事を進めている間は、城下町の造成が順調にすすむ対策として、材木や薪の他国輸出を禁止している。

川上村

阿武川は船の航行し得る範囲がきわめて短かった。萩の南の松本川と橋本川の分岐点から少し川上へのぼると、もう谷間になって、両側の山がせまってくる。しかし、川口から二〇キロほどさかのぼった高瀬というところまでは、流水もゆるやかであり、水量も多くて、船がさかのぼることができた。そして、そこはいかにも山深い感じのするところで、周囲の山は高かった。高瀬と川をへだてた右岸に清宗というところがある。そこに平清宗の墓というのがある。清宗は宗盛の子で、壇ノ浦合戦のとき入水して死んだことになっているが、生きてここに落ちのび、生涯を終ったと土地の人は信じている。ここのあたりには平家山という山もあって、そこの洞窟にかくれていた。ところが、阿武川へ海からカモメがよく飛んでくることがあり、それが源氏の白旗のように見え、所詮助からぬものと思って、みな自殺して果てたという話もある。萩が城下町になるまでは、そうした伝説が伝えられるほど山奥の不便な在所であったかと思うが、萩の城下町ができてから、阿武川沿いの村々には、薪や木炭を高瀬船で萩に送るのがいそがしく、幕末のころ、川船だけでも川上村に一六二艘あったと伝えられる。薪や木炭ばかりでなく、この山中では酢や醤油・酒なども造る家があって、

川上村（現 萩市）を流れる阿武川にかかる三徳橋
（現在。写真提供：梶谷 勉氏）

そういう産物もまた船で運ばれていった。

清宗から北へはいる枝谷に佐々連《さざれ》というムラがあった。谷がせまく、川のほとりにあるわずかばかりの平地に、二〇戸あまりの家が寄りそうようにかたまっていた。しかし、その家はみなりっぱで、どの家も土蔵をもっていた。昔から紙すきを職業としてよく働いたところである。そして、金ができると水田を買った。周囲には水田もあまりなかったので、四キロあまりも離れたところの土地を買い、そこまで耕作にいったものであった。佐々連も清宗も高瀬も谷底にあったが、山の急傾斜をのぼってゆくと、山の上はゆるやかに起伏していて、そこにはまた、村もあれば田や畑もあった。いわば高原状をなしているのである。

高原の上の村々の人は、そこで作った米や穀物を背負子で背負って谷底へ下り、高瀬・清宗で、川船にたのんで、それらのものを萩へ運んで金にしてもらったのであった。

谷底の生活はつつましいものであったが、それでも萩と直接つながっているということで、家の調度品などりっぱなものが多かった。ただ大正時代になると、高瀬から八キロあまりさかのぼった峡谷が長門《ちょうもん》峡と名づけられ、景勝の地として知られるようになり、そこを訪れる人も多く、阿武川をプロペラ船が上下するようになってきた。さらに川沿いの道ができてからは、奥地の物資がトラックで輸送されるようになり、川船に乗る人は減ってきた。そんなとき、高瀬の下の方に大きなダムをつくる計画がたてられ、高瀬を中心にした二〇〇戸あまりの家が水没することになった。何百年というほどここに住みつづけた人たちは、立ちのかねばならなくなった。長い間住みつづけてきたので、その土地に深い愛着をおぼえて、村の中の別のところに家をたてて移転した者もあったが、山口や萩へ出ていった人も少なくなかった。そして谷底の生活から解放されることを喜んだ人もあった。

このダムは、これからさきに萩を中心にした開発に大きく役立つだろう。しかし、ここに生きた人たちの生活の歴史は、一応断ちきられたのであった。と同時に、川の果たす役割も昔とはすっかり変わることになった。

ダムができてムラ人たちが立ちのくとき、日常生活に使用した道具類を保存し陳列した資料館がつくられている。川のほとりに住む人びとには、これに似た運命を背負わされた者が少なくない。

城下町・萩

7　江ノ川

山中の川

この川はいまゴウノガワといっている。しかし昔はエノカワといったのだという。その源は広島県山県郡大朝町（現・山県郡北広島町大朝）のあたりに発し、時に南流しまた東流しつつ三次にいたる。そして北からくる神野瀬川、東からくる西城川などの水をあつめ、そこから西北に向かい、中国山脈の脊梁を横切って島根県に入り、浜原というところから西南に向かい、桜江のあたりから西北に折れ、江津で日本海に入っている。中国地方では大河といっていい川であり、その中流には三次、庄原のような広々とした盆地をもっている。しかし、三次から下流は全く山々の間を縫うていて、両岸に平地らしいものがほとんどなく、川口にも三角洲らしいものは見られない。つまり、上・中流には平地も多く、そこに高い文化が早くから見られたが、中流以下はむしろ、人口の乏しい、流域の人たちにとっても比較的かかわりあいのうすい川ではなかったかと思う。

幕末の頃のことであった。江ノ川左岸山中の若者たちが、伊勢参宮をしたことがあった。この人たちは、往路は山陽路を通って大坂へ出、そこから伊勢へ参った。帰りは大坂で大きな絵馬を買い、それをかついで途中から中国山脈を横切り、山陰路を歩いた。もう夏の近いころであった。山の中を歩いていると、大きな川のほとりに出た。

「大きな川ではないか、水をあびてゆこう」ということになって、川原に絵馬をおろして、みな川に入って泳いだ。そして川をわたると、どうも見おぼえのある風景になった。小さい峠を越えて一里ほどゆくと、そこには村人が大ぜい待っていた。「もう参宮からかえって来るころだと思って、毎日村はずれまで見張りに来ていた」とのことであった。そうすればあの川は江ノ川であったのかと、はじめて気づいたという。地図も何もなく、地理的な観察も乏しかったであろうが、川から一里あまり離れているところに住んでいる者にとっても、この川は遠い世界のように思われていたのである。

三次市内を流れる江ノ川

砂鉄をはこぶ

それでは、この川の利用度は低かったのかというと、そうではなく輸送路として重要な役割を果たしてきたのであった。とくに、この川の流域からは多くの砂鉄が産出され、その輸送にもこの川を使っている。江ノ川の下流に近い山中に、邑智郡というところがある。そこには津和野藩領があった。その領内からは砂鉄が多く出た。津和野藩では、その砂鉄を川船で江津まで運び、そこから帆船で益田まで持って来て、また川船に積みかえ高津川をさかのぼって津和野領内で精錬したという。

江ノ川は広島藩・三次藩・浜田藩などの領内を通過するので、川のほとりにはそれぞれの藩の番所があった。そして、それらの番所で取調べをうけなければならなかったが、内海方面からの物資は尾道や広島から三次まで陸路を運ばれ、そこから川船で江津まで運ばれたものである。また中流の石見の山地は、古くから砂鉄の生産が多かった。浜原で川が大きくカーブして西南に向かって一五キロあまりも流れたところに川本がある。川が大きく蛇行してできた川原の上に、早くから人が住みつき、この川の重要な港として中世以来栄え、江戸時代になると、ここも天領（幕府領）となったために特別の保護をうけた。この地に三上という旧家がある。小笠原氏がこの地方の地頭であったころ、その家臣であったが、小笠原氏没落の後は土着してタタラ師となり、砂鉄の精錬にあたり、邑智郡中第一の親方として周囲の人びとに畏敬され、この家の繁栄が川本の繁栄にもつながっていた。そして、

石州川本渡利屋（三上家）の御門
大工手柄の金せんぎ

と盆踊歌にもうたわれた。川本のタタラ（製鉄所）で働いたタタラ者は、多いときには四〇〇〇人にものぼったといい、この仲間を含めた川本の食料需要は一万石にものぼり、その米は北陸の各港から帆船で江津に運ばれ、江津から川船で川本へもたらされたものであったという。

鉄の方は民間資本の経営によるものであったが、大森銀山は幕府の直営で、銀山方御役所がその経営にあたった。ところが、ここで働く者に銀の抜き売りをするものが少なくなく、それを取締るために多くの口留番所や船改め番所が設けられ、江ノ川筋だけでも、都賀行口・都賀口・浜原口・小原口・川本口・坂本口・住郷口・阿登口・江津口と九カ所にのぼった。それらの番所でいちいち荷改めをしたのである。またそれほどの取締りをしなければならないほど銀山は栄え、最盛期には戸数二万六〇〇〇、人口一〇万、寺院一〇〇にのぼったといわれる。この銀山産出の銀と生野銀山の銀を貨幣として、江戸時代には大坂、

京都以西は銀本位制をとり、物の価格は銭と銀何匁できめられ、江戸の金本位制に対立していたのである。そうした銀山への物資の輸送にも、江ノ川が利用された。船賃は牛馬賃にくらべて四分の一にすぎなかったから、利用する者もまた多かったわけである。

江津

しかも、川口にある江津は日本海沿岸では有数の港であった。江ノ川は山の間を縫うて来ていきなり海に入る。しかし、この川口は水深が深くてそのまま港として利用することができ、帆船時代には、ここに入港して風待ち日和待ちする船は多かった。今もここ山辺神社に奉納されている絵馬の中には、港の繁栄をうたった風景のかかっているものが残っている。この港は北前航路の千石船でにぎわったばかりでなく、江ノ川を下ってきた川船もここで休んで、また川をのぼっていったのである。ここでは川船をカルコといった。艫が鶴のくちばしのようにのびた浅く軽快な船で、急流を上下し、川波を巧みに乗りきるためには、こういう船が必要だったのである。

江津も江戸時代には天領であった。そしておなじ天領であった大森銀山の外港としての役割を果たし、またこのあたりにあった天領の産物はこの港に集められ、ここから船に積んで江戸に運ばれたものもあれば、大坂で売りさばかれたものもあった。

江津の山辺神社は通称祇園とよばれ、昔は六月一五日、今は七月一五日がその祭日になっているが、この日、神輿の船渡御が行なわれた。その御座船にふれると水難をのがれるといって、多くの川船は御座船めがけて漕ぎ寄せ、笛太鼓ではやしたてて大変なにぎわいをみせた。

しかし明治になって、銀山から銀はほとんど出なくなり、砂鉄の生産が減少していってからは、河川交通の様相もしだいにかわってくる。まず、多くの番所が廃止になって川の交通が自由になると、一般物資の輸送は日を追うてふえた。川の流域の山地には多くの谷がくい込んでおり、その谷間には水田がひらけている。その水田で生産された米は川船で江津へ運ばれた。山地の傾斜面には畑が多かった。その畑に桑が植えられて養蚕が盛んになる。そして蚕の繭や生糸もこの川を下っていった。この地方の山地は雑木が多く、昔から製炭は盛んであった。その炭がもとは製鉄に多く利用されていたが、明治になると、一般町家で使用することになり、それらのものも川口まで運ばれていった。

農業が盛んになると肥料の使用もふえてくる。化学肥料の出現するまでは、魚肥がもっとも肥効の多い肥料として農家では使用されたが、そうしたものをはじめ、塩・石炭などもこの川をさかのぼって山地の村々に送りこまれたのである。

そして川船の交通を守るために水量をおとさないように苦心し、ダム建設が上流地区になされることがほとんどなかった。しかし、熊見と浜原にダムができてから、川の交通は大きくはばまれてしまった。そして川沿いに鉄道が敷かれることになる。三江線がこれである。

汽車はゆく

江ノ川は比較的水量のゆたかな川であり、それを利用して発電事業をおこそうとする意欲が、政府の方につよかった。しかし、川沿いの人たちには、この川が交通路として果たしてきた過去の情景が心の中につよく焼きついていて、ダム建設には賛成し得なかった。高梨というところがダム建設の予定地となったこともあったが、そうすれば江津と三次を結ぶ三江線も建設が不可能になるとして、地元の人たちの大半が反対し、ついにダム建設にはいたらなかった。そして念願の三江線は昭和五〇年ついに開通した。この鉄道の完成には実に五〇年を要したのである。そして水路を鉄道にきりかえつつ、江ノ川筋が日本海沿岸と中国山中を結ぶ交通路として利用されることには変わりがない。しかし、これほど長い年月を要して完成した鉄道も日本では稀なことであっただろう。しかも、その長い間鉄道開通に執念をもやした人びとのいたということは、この川が交通、輸送のために果たしてきた過去への回顧とともに、この川を中心に新しい時代に即した交通路を考えることが、この地域の産業文化の発展にもっとも意義あるものだと考えつづけてきたからであろう。

いま川を上下する船はほとんどない。しかし、川に沿うて汽車が走っている。山の中ばかりを通ってゆく汽車である。この汽車をどう利用するかで、この沿線はまた新たな脚光をあびることになるだろう。

江ノ川と三江線（現在。写真提供：陶山 透氏）

8　高津川

高瀬船

高津川は、中国山脈の脊梁に近い島根県鹿足郡《かのあし》六日市町（現・鹿足郡吉賀町六日市）蔵木《くらぎ》の一本杉の根元に源を発して、六日市町・柿木村（現・鹿足郡吉賀町柿木村）・日原《にちはら》町（現・鹿足郡津和野町日原）を経て、益田市高津で日本海にそそぐ。延長七二・六キロ。今のように道路ができ、交通機関が発達するまで、長い間この地方の交通運輸の大動脈であった。奥地でできるいろいろな物資は、高瀬船で下流から高津へ運ばれた。日本海から高津へ入ってくるものや、この周辺でできたものは、戻り船によって沿岸から奥地の村々にもたらされた。人びともこれによって往来した。

高瀬船は柿木村の下須《しもす》までのぼった。下須には問屋があって、塩や鍋釜などをここでおろし、人や馬の背によって奥地の古賀地方へ運ばれた。ここへは高瀬船が一〇ぱいくらいのぼってきた。

しもへ出るのは主に木炭で、川端に大きな炭小屋があり、方々の山で焼いた炭を積みこんであった。炭を焼くのは五代で、畑迫《はたがさこ》の笹ケ谷銅山へ送った。

日原町の左鐙《さぶみ》・須川から吉賀地方にかけての広大な山林は炭材の宝庫であった。藩政時代には、これを炭に焼いて盛んに鈩《たたら》鉱業が行なわれた。鈩には膨大な木炭を必要としたから、重い砂鉄を炭のできるところへ運んだのである。

砂鉄の産地は津和野領の那賀郡井野村（現・浜田市井野町）・鞍掛から浜田領平原などで、これを陸路折居《おりい》へ運び、ここから船で日本海を高津港へ送り、高津から高瀬船に積んで遡行した。左鐙から高津までが三七キロ、海上約二五キロ、さらに産地までの距離をあわせると気の遠くなるような距離である。

船からおろした砂鉄は、馬や人の背によって山奥へ運ばれた。鈩跡は川からずいぶん離れた不便なところにまであるが、日原町左鐙の龍谷《たつたん》の鈩は川べりのもっとも条件のよいところにある大規模なものであった。文化一四年（一八一七）一〇月お立山《たてやま》の払下げが許可され、これから約一二年継続した。ここの山中にはたくさんな鈩ものの墓が眠っている。

高津川の河口

高津川は津和野亀井藩の川である。亀井藩はわずか四万三〇〇〇石の小藩であるが、沿岸はすべて津和野領であった。支流津和野川は津和野を通って日原町枕瀬で本流に入る。対岸は天領日原で、これから上流が吉賀川、下流が高津川である。津和野町は枕瀬から約一二キロ、城下で、藩政時代には船道をつくって高瀬船を通わせたこともあったが、川が小さくて無理なので廃止した。

高津には港があって、津和野藩の海に開かれた門戸であった。釜屋があって鍋や釜をつくり、藩の蠟座があって領内から納めさせた櫨《はぜ》の実で製蠟をした。高津の柿本神社は祭神は柿本人麿で、領内随一の高神《たかがみ》であった。津和野藩の崇敬があつく、社殿は津和野の城に向いていた。

藩主は毎月柿本神社へ参拝した。枕瀬まで三里を馬や駕籠で出て、枕瀬からは船でくだる。船は三ばい、四ツ日の紋のついた幕を張ってある。先船は保護船で、少しはなれて殿さまの船が出、あとに供船がつづく。この時は皆川原へ殿さまを拝みに出た。船から下に、下にという。いがという者が大きな棒をもっていて、無礼をすると叩く。船が通る時には沿岸のお宮では神楽をあげる。川畔に屹立した岩山の上にある脇本《わいもと》の厳島神社では、先船がそこまで出ると神主がてんてんてんと太鼓を叩く。曾庭まで出ると三渡《みわたり》の八幡宮で太鼓を叩く。これを聞くと百姓たちは「やれ、殿さまのお通りでよ」といった。帰りは青原からは駕籠で、徳城峠《とくじょうのたお》を越えてゆくのであった。

明治一〇年、成日照《なるひでり》の鈩をやめて、高津川筋の鈩鉱業は終った。そしてこのあたりの炭は笹ケ谷銅山へ送られた。高瀬船の終点である下須や左鐙に集めた炭は船で枕瀬へ出し、ここから津和野川沿いに笹ケ谷へ送った。下流の程彼川尻曾庭と大木川尻の小瀬にも川端に炭小屋があって、ここへおろし、けわしい小坂をいくつも越えて笹ケ谷へ運んだ。曾庭から笹ケ谷へは一二キロ、炭を背負った列が蜒々と三〇人〜四〇人もつづいた。

船頭の話

高瀬船は、明治の中ごろ日原町だけでも四〇ぱいぐらいあった。なかでも枕瀬、日原が多く、これで生活した。枕瀬は中継地で、梅屋という大きな問屋があって手びろく運送をしていた。

「枕瀬はこのあたりがおもなところで、家がずらっと並んでおりました。たいてい船の者で、ここから下《しも》の者は左鐙通い、上《かみ》の者は高津通いでありました。この下には二、三間ぐらい川原があって、昼から半分になると船が戻ってきてずらりと並びました」

これは昭和四一年一月、七五歳になるという滝口熊治さんの話である。滝口さんは一七、八から二四、五のころまで左鐙通いの船に乗った。左鐙通いは荒津だから一ぱいに三人乗る。朝は二時、三時頃から起き、夜のしらしら明けに船を出す。左鐙通いは四、五はいいたが、冬の寒い時でも川へ入って少し船を曳けば汗が出る。二人は川原で綱を曳き、船頭は舳先で梶をとる。左鐙まで一〇キロ、畳で船をつないで弁当を食い、それから一息に左鐙へあがる。左鐙へ着くのは昼前で、積んでいった荷をおろし帰りの荷を積む。上り荷は米・味噌・醤油・酒・塩などで、下り荷は炭・板・楮・三椏・櫨などである。これがすむと炭鍋で火を焚いて昼飯を食う。帰りは船頭が前で梶をとり一人はうしろの梶をとる。一人は水が入るのをかえたり、うしろの梶を交代でとったりする。

高津通いは二人で、下り荷は七、八〇〇貫積んだ。下り荷は五〇〇貫くらい積んだ。高津へは一六キロ、二日がかりである。金地《かねじ》の川原に小屋をつくっておいて、ここまで帰って泊まる。夏から九月いっぱいは戻れるところまで戻って川原で寝る。戻り荷のあるときは一人は迎えにいって三人で曳いて帰る。冬の川仕事はつらいもので、脚絆には氷柱がさがり指先はほおずきのように赤くなった。

川と人生

高津の人丸さま（柿本神社）の祭は九月一日で、このあたりのもっとも大きな祭であった。八朔《はっさく》といって皆高瀬船に乗って出かけた。船は前から予約をとって客を乗せた。平生これを利用するのは荷の上へ乗せてもらうのであった。

「この沖を一〇ぱいも並んで、まっ白な帆をあげてあがりよりました」

という高瀬船も、道路がひらけ鉄道ができて見られなくなった。

川に橋が架かったのは明治になってからで、それまでは橋らしい橋はなかった。こういう所には、渡船

柿本神社

があって渡守がいた。渡守のいないところには、繰り船があって、人びとはこれによって往来した。

　高津川の水はよく澄んで昔から鮎がたくさんいる。味がよく、高津川の名産で、鮎は周辺の人びとの生活をうるおした。円ノ谷の蛇淵は津和野藩の「御用留川」であり、川にもそれぞれ境界があった。天領日原の三好藤左衛門が蛇淵に出漁したことに端を発して、江戸表で争われた山川入会の裁判は一九カ月、足掛三年に及び、文政二年（一八一九）津和野藩の勝訴となった。鮎漁は投網が主で、川いっぱいに並んだ赤い松明の灯は美しい夏の風物詩であったが、投網はケガケ網に、松明はガスランプにかわった。

　旧の六月一六日の晩の脇本厳島神社の例祭は、たくさん人が出てにぎわった。厳島神社は川べりの岩山の上にあって、ここから川端まで提灯をとぼしつらね、神輿を高瀬船に乗せ、たくさんの供船がついて、広い井堰の表をこぎ廻った。船にはたくさんの提灯をとぼし、これが水に映えて美しい。日原の親方衆は高瀬船で出て、三味線や太鼓で打ち興じた。

　しかし川は恩恵ばかりをもたらしたわけではない。洪水のたびに大きな被害が出たが、天保七年（一八三六）申年の洪水はもっともひどく、津和野領の流死人は二四一人にのぼった。曾庭では一家五人が家と運命を共にしたのである。

9 斐伊川

出雲の大川

斐伊《ひい》川は島根県の出雲地方の第一の長江である。幹川流域の延長は一四八キロにおよび、流域面積は九二三九平方キロを算する。この地方としては珍しい大川である。それはこの川が、出雲国の東南隅から西北隅に向かって、ほぼ対角線状の流路をとっているからであり、また中国地方の分水嶺をなす中国山地の主脈や、雲南の山地に源を発する中小の諸川を支流にもっているからでもある。そのために水量も豊かであって、流量も年平均で毎秒二九・九立方メートルである。

斐伊川の本流の源は、出雲と伯耆《ほうき》の国境である船通《せんつう》山（一一四三メートル）で、上流は仁多《にた》郡内を西北に流れる。そこで室原《むろはら》川・馬木《まき》川・阿井《あい》川・亀嵩《かめだけ》川の四川を合わせて、要害山の麓を屈曲して大原《おおはら》郡（現・雲南市）に入る。大原郡と飯石《いいし》郡の郡境をほぼ北流する間が、この川の中流であるが、そこでも両郡内の諸川を集める。なかでも大きい支流は、飯石郡の山奥から流れ出る三刀屋《みとや》川と大原郡大東《だいとう》町（現・雲南市大東町）の山地に源をもつ赤《あか》川である。こうした雲南の諸川と合流した斐伊川は、簸川《ひかわ》郡斐川《ひかわ》町の南境上阿《かみあ》宮《ぐ》あたりから一筋の大川となってやがて出雲平野に出る。出雲市街地の東隅を北流し、最下流で流路を東に変えて宍道《しんじ》湖に注いでいる。斐伊川の水は、宍道湖、そして松江市村を南北に分けて流れる大橋《おおはし》川をへて中海に入り、やがて境水道から日本海に出る。河川法では、ここまでが斐伊川の流路とされている。

斐伊川上流（仁多郡横田盆地）

ところで、斐伊川の下流は、今と昔では流路が全く異なっている。斐伊川が出雲平野に出て東流し、宍道湖に注ぐようになったのは、寛永一六年（一六三九）の大洪水の時からで、それまでは北山のふもとを西に向かって大社《たいしゃ》湾に注いでいたし、さらに以前は、現在の出雲平野の西部を占めていた神門水海《かんどみずうみ》（その名残りが今の神西《じんざい》湖）に注いでいた。このことは、天平五年（七三三）に地元で編纂された『出雲国風土記』の記載や、出雲大社に伝わる古図などで明らかである。また『風土記』をみると、奈良時代の出雲の人は、この川を「出雲大川」と呼び、現在普通に用いられている「斐伊川」の名称は、中流域の名称にかぎられていたことも知られる。「出雲大川」の名がすたれて、この川がもっぱら斐伊川の名称で知られたのは、『古事記』に「肥《ひ》川」、『日本書紀』に「簸之《ひの》川」と記載され、しかもその名が出雲神話の中で最も著名な八岐《やまた》の大蛇《おろち》神話に出てくることによって、人口に膾炙し一般化されてしまったのである。ただし、高天原を追放されたスサノオノミコトが出雲国の肥河上の鳥髪《とりがみ》山（鳥上《とりがみ》山）――船通山に天降って、やがて八岐の大蛇を退治してクシイナダヒメを救う話は『出雲国風土記』には記載されていない。すなわち、この有名な神話は出雲で成立したのではなく、大和で作られたものと考えられ、出雲の大蛇の伝承地の話も、室町・江戸期になって記紀の神話をもとにしてつくられたのである。

しかし、「出雲大川」という呼び方は、斐伊川が古くから出雲国の代表的な河川として出雲人に認められていたことを物語っている。この川筋には、河成平野がよく開け、上流の横田・三成《みなり》、中流の木次《きすき》・三刀屋・大東《だいとう》などは大きな盆地集落として古代から知られ、現在も雲南の中心的な町となっている。『出雲国風土記』の出雲大川の条には、「河の両辺は、或は土地豊沃《つちこ》えて、五穀・桑・麻稔《みの》りて枝を頗《かたぶ》け、百姓の膏腴《ゆたか》なる薗《その》なり。(中略)河の口より河上の横田《よこた》の村に至る間の五郡(出雲・神門・飯石・大原・仁多)の百姓は、河に便《よ》りて居《す》めり」とある。斐伊川の流域には古代人が開くに適した農耕地が多く、人びとは川をよりどころとして生活していたことが知られる。もっとも、古代から中世の間は、中・上流域の盆地部が開け、下流の平野部の開発はおくれていた。というのは、今日の出雲平野は、古代にはまだその多くの部分が神門水海や宍道湖の水面、もしくは低湿地帯であったからである。神門水海は、そこに流れ込んでいた斐伊川と神戸川《かんど》(出雲第二の川)の堆積作用によってしだいに埋められ、近世に入って斐伊川が東流するようになると、こんどは宍道湖の西岸から埋めていって今日もそれが進んでいるのである。したがって斐伊川下流の開発は、だいたい沖積平野の拡大と歩調を合わせているのであるが、それが本格化するのは近世の松江藩政下においてである。

治水と舟運

斐伊川下流に山陰地方では珍しい広い沖積平野が生じた理由の一つは、その下流に広くて浅い水海や湖があったためであるが、さらに大きな要因となったのは、この川の中・上流域に風化した花崗岩が広く分布していることである。河川はこの花崗岩を容易に浸食し、浸食された花崗岩は砂となって川床に堆積し、さらに下流へ運ばれて沖積平野をひろげることとなった。しかも自然の河川運動だけでなく、斐伊川の中・上流域では、古代から風化した花崗岩から山砂鉄を採取し、中世末から近世には鉄穴《かんな》流しによって大量の土砂を下流に流したので、斐伊川の天井川化を進めるとともに、下流の沖積化を著しくした。出雲平野の新田地帯である出東《しゅっとう》・庄原《しょうはら》・直江などの宍道湖岸線は明暦年間（一六五五―五八）から今日まで約五キロが陸地化しているほどである。

川床に堆積する多量の砂は、下流に平野を形成したが、一方では天井川をつくったので、流域の盆地部や出雲平野は、しばしば洪水の被害にみまわれるのである。近世の初め、鉄穴流しによる大規模な砂鉄採取が盛んになると、洪水の原因になる土砂の堆積はいっそう進んだので、上流の鉄山師と中・下流の氾濫常習地の農民・住民との間に利害の対立が生じ、しばしば紛争をおこした。そのため松江藩では一時鉄穴流しを禁止したこともある。治水工事として堤防を高くすることが行なわれたが、中流の木次では、水害に備えて宅地を地上げして街路面からやや高くした。金ができると地上げするということで「木次の一文上がり」といわれている。下流では、近世に洪水制御のため、川道のつけ替えを何度も行なっているが、これらの工事は治水と同時に湿地帯の積極的な開拓にもつながっていた。すなわち、湿地に川道を向け、そこを河川の吐きだす多量の土砂で埋め立てるという方法だったのである。出雲平野の治水工事としては、明和・安永年間（一七六四〜八一）の二十間川、天保二年（一八三一）の新川の開鑿などがあるが、今日は新川跡は氾濫原となり田畑化している。また農業用水としては、この地の豪農大梶七兵衛が貞享四年（一六八七）に斐伊川から引水した高瀬川の開設が最も有名で、これによって出雲平野の西部の開墾地がうるおったのである。

この高瀬川は、その名でわかるように、単なる灌漑用水路としてだけでなく、斐伊川船運の末端水路としても利用された。斐伊川の船運は古く、『出雲国風土記』には、「孟春《むつき》より季春《やよい》に至る間 桄船《いかだぶね》が河中をのぼりくだりした」とある。この川は、古来西出雲の海岸・湖岸部と雲南の山地との交流に大きな役割を果たしていたが、船運の便が活発であったのは近世から大正期までであった。川船が遡行したのは、斐伊川本流では木次の日登《ひのぼり》まで、支流の三刀屋川では三刀屋、赤川では大東下分《だいとうしもぶん》までである。とくに木次、三刀屋は雲南の物資の集散地として栄えた。この斐伊川の船運と高瀬川が結ばれると、木次や三刀屋などに集められた物資、とくに上納米は、高瀬船で斐伊川・高瀬川を下り、大社町の堀川の河口まで運ばれ、神戸川河口の湊原《みなとばら》や日御碕《ひのみさき》近くの宇竜《うりゅう》港から西廻り航路の大きな帆船によって大坂へ輸送された。そのため高瀬川が堀川に接するあたりに松江藩の川方《かわかた》役人の詰所と米蔵が設けられていた。

　こうした斐伊川の船運は、大正末に木次線が開通すると衰退し、西出雲の南北の動脈としての役割は終りをつげた。現在、斐伊川には三カ所の発電所が設けられ、治水と新しい動力源になっている。そして水量の減少によって、下流には花崗岩の砂が川床いっぱいに堆積している様子がよくわかり、その白い砂がこの川の長い歴史を語りかけているようである。

斐伊川下流（川床に大量の砂が堆積）

五　近畿の川

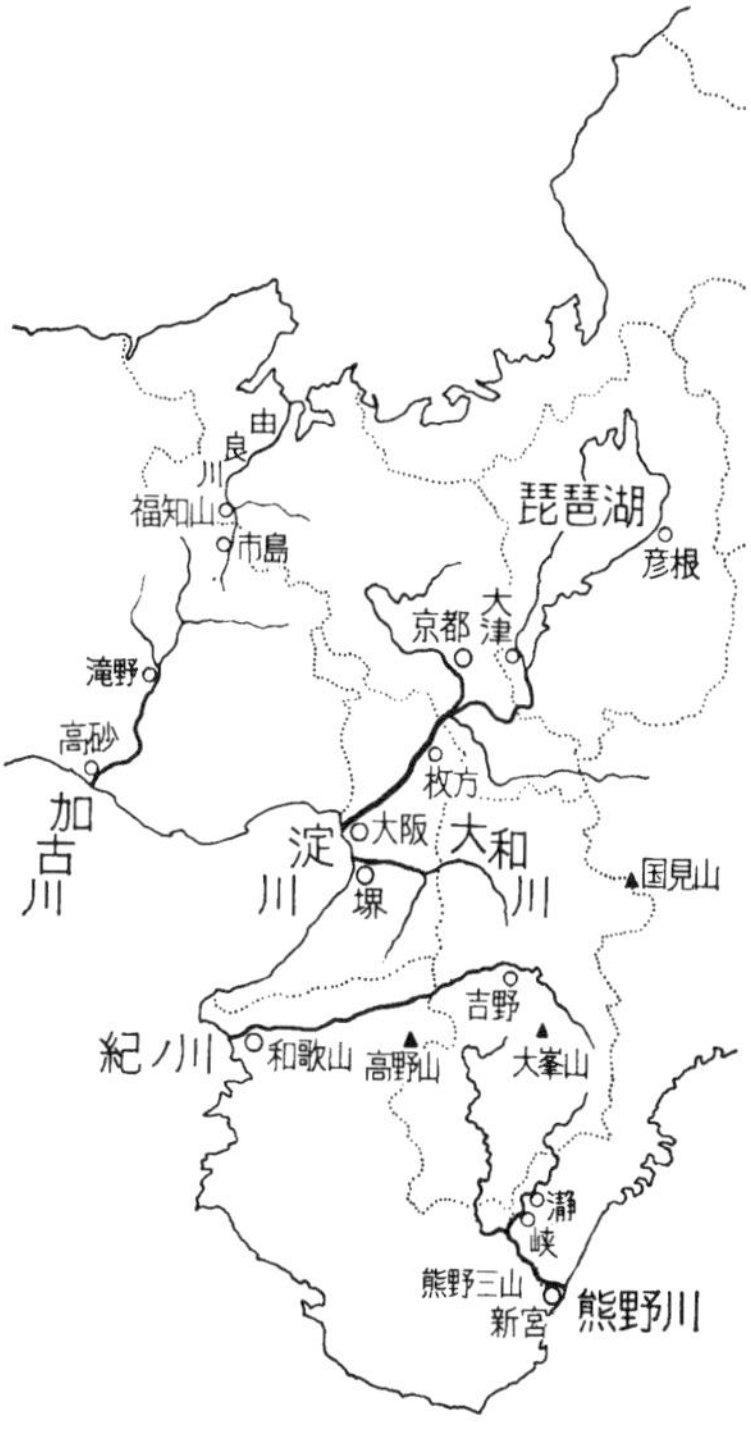
由良川
福知山
市島
琵琶湖
彦根
京都
大津
滝野
高砂
加古川
枚方
大阪
淀川
大和川
堺
国見山
吉野
紀ノ川
和歌山
高野山
大峯山
瀞峡
熊野三山
新宮
熊野川

1　加古川

闘竜灘

兵庫県播州平野には東からいって加古川・市川・揖保《いぼ》川・千種《ちくさ》川という四つの川が流れている。いずれもその流路はそれほど良くないが灌漑用水に利用されて美田をうるおし、また材木や薪などの輸送にも利用されてきた。そうした中にあって加古川は篠山川、佐治川、杉原川などの水をあつめて水量もゆたかでその中流までは川船がのぼっていた。

この川の中流に滝野というところがある。そこは川床が岩盤になっていて数メートルの落差があり、古くは川船はそこまで来ていた。そして流域の物資を川口の高砂まで運んでいた。中世の終り頃、滝野には滝野城という城があり、城主は阿閉氏であった。阿閉氏は中世この地方の守護大名として勢力のあった赤松氏の一族であったが、赤松氏没落のとき百姓となって旧領地の中に住みつき阿江与右衛門といった。与右衛門には子がなかったので養子を迎え、与助といった。才覚のある人で、触元・大庄屋として、もと領主として支配していた地域の行政の世話をすることになった。当時この地方は生駒玄蕃頭の領地になっていたが、文禄三年（一五九四）加古川開発を命ぜられた。その頃まで加古川は川床に大きな石がごろごろしていて、それがしばしば破船事故をまきおこしていた。その石を除いて流路をつくり、そのことによって川口から滝野までは船が自由に航行できるようになった。その功によって滝野に船座をひらいて、丹波・播磨両国からこの川を利用して出荷する物資、すなわち米・麦・薪・木炭などに対して五分一税をとりたてる許可を得た。

慶長九年（一六〇四）の頃にはこの地方は姫路城主池田氏の領地になっていたが、池田氏は滝野からさらに上流の多可郡田高まで船を通すよう川浚えを命じた。そのときこの滝野の岩を割って船の通る水路を作った。そして川口の高砂から田高までの四八キロの間を船が通うようにしたのであった。

加古川の用水取入口

アユ漁

この岩場の水路を闘竜灘とよび、河川航路の難所とした。しかし、この岩場は風景がよいので、付近の人たちはここへ遊びに来ることが多かった。またこの急流の付近にはアユが多く、アユ漁は農民たちの趣味とするところであったが、この滝付近でアユをとる者には鑑札を出して金をとった。この運上金は藩に納めるのではなく、闘竜灘をひらいた人びとがとることにした。この運上金を分けあう権利を滝株といった。滝株の半分は闘竜灘をひらいた中心人物阿江与助がとり、残り半分をこの工事に参加して功のあった上滝野の住民四八軒が分けることにした。しかし四八軒の持った株は売買が自由であった。後に、この割合は変更されて阿江家は一〇分の三、滝株も一〇分の三になり、残りの一〇分の四は支配割ということになっ

闘竜灘の堀割水路（現在）
（写真提供：神戸観光壁紙写真集〔http://kobe-mari.maxs.jp〕）

た。支配割というのは、上滝野村の要する経費にあてるもののことである。

この闘竜灘ではアユののぼってくる時期になると、川岸の淵になったところにアユが群集し、手ですくいとることもでき、これを汲みアユといった。この汲みアユのゆるされている者は鑑札をもっているものだけであった。中には岩を割って小さな水路を作り、その水が崖から落ちるようになったところへ樋をかけ、その水が下の淵へ直接落ちるようにしたものがいくつかある。アユは淵からこの水を利用してとび上がろうとする。そこで樋の下に莚《むしろ》をしいておくと、樋までとび上がれないアユが莚の上に落ちる。それをとったものであったが、莚の上のアユはすぐ死んでしまい、そのままにしておくといたみやすかった。そこで後に工夫して莚のかわりに壺を作ってそこにおいた。するとアユは壺に落ちてその中で泳ぎ、いたむことはなかった。

川船の荷物

闘竜灘の開鑿がこの川の交通に貢献したことは大きかった。兵庫県市島町できいた話である。そこは闘竜灘から六〇キロ近くも東北にあり、由良川の流域にある。そこに旗本の川勝氏の領地があった。

三〇〇〇石ほどの領地を持っていたが、その領地を治めるために代官が来ていた。三〇〇〇石の高でおよその半分近くが税として取り立てられ、領地を治めるための費用がいくらか土地の倉に残されたあとは、大坂と江戸へ送られることになる。領内の百姓はその米を背負って山をこえ田高まで持って行った。そしてそこで川船に積まれて川口の高砂まで運ばれる。そこで廻船に積みかえて大坂へ運んで売って金にし、一部はまた廻船で江戸へ運んだものであるという。この米の宰領をするために、村々の庄屋や組頭、重立ち百姓が上乗りとしてついていった。そして大半は大坂から帰ってきたが、一人か二人は江戸まで行ったものであったという。由良川は日本海へ流れ出る。その川港であった福知山は市島から一〇キロたらずのところにある。しかし、この方の川を利用することはなかった。大坂へは加古川を利用する方がはるかに近くなる。それでは由良川は利用しなかったかというに、塩は由良川をさかのぼって送られてきたという。由良の港で作った塩は苦味が少なくて、漬物を作るのによかったという。

加古川という川は荷物の輸送にはずいぶん役立った。川の左岸の三木・小野地方は近世初期から鋸・鎌・ソロバンなどが作られて搬出されたという。それらもみな加古川を利用したのであった。また滝野から奥は木綿織が盛んであったが、そうした織物も川船を利用して送られた。船はみな高瀬船であった。明治になって、車道が発達するようになった後も川船は往来していたというが、私がこの川の流域を歩くようになった昭和時代には、もう川船の姿はなかった。しかし川の存在が地域社会の産業発達に貢献した点からみていくと、淀川や利根川などにつぐものではなかったかと思う。

2 淀川

治水

淀川はまた澱川とも書く。昔の漢詩人は洒落て澱水とか澱江とも書いた。かの俳人蕪村にも「澱川歌」の作がある。蕪村には別に「春風馬堤曲」があって、馬堤すなわち当時の東成郡毛馬村（現・大阪市都島区毛馬町）辺の淀川堤の春を詠じているが、「藪入や浪速を出て長柄橋」「春風や堤長うして家遠し」で始まるこの詩ののびやかな情趣こそは淀川のものである。淀川には山石を嚙む激流はない。山崎を出て大阪湾に注ぐまでゆったりと大阪平野を流れ下る。流路の長さは七九キロにすぎず、信濃川や利根川の四分の一にも足りないのに水量の豊かなのは、いうまでもなく上流に琵琶湖をひかえているからである。湖の水を運ぶ宇治川と伊賀盆地から出る木津川、丹波高原から出る保津川が京都府の山崎付近で合流して淀川となる。流れ下って大阪市内に入ると、流れはいく筋にも分かれ、蜘蛛手となって大阪湾に入る。大阪を水の都と呼ぶのもこのためである。分流の最大のものは新淀川であるが、この川はその名のごとく明治になって新しく開かれたもので、その目的は市内を通さず淀川の水を直接海に放流することであった。

現在、淀川は堅固な堤防で両岸が固められているが、これはこの川の長い歴史からみればほんの最近の姿であった。洪水のため流路も少しずつ変わり、その害はしばしば人を苦しめた。明治以後でも明治元年、一八年、二九年、大正六年と四回の大洪水が知られている。このため、沿岸の村々には、今でも出水に備えて納屋に川船を用意している家がある。また壇蔵といって、高い石壇の上に土蔵の建てられているのもこの地帯独特の風景である。

淀川の治水事業は、かの仁徳天皇の茨田《まんだ》堤の修築以来いく度も繰り返されてきたが、明治になるとオランダ人技師の指導によって大規模な築堤工事が始まった。その完成までには長い年月を要したが、当時は杭打ちや地固め作業はすべて人力で行なわれたので、沿岸の農村から多数の日雇人夫が狩り出された。彼らの間でうたわれた作業唄が、今もこの地方にうたい継がれている。女人夫が一列に並んで棒で堤の表を築き固める唄をショコマといった。

壇蔵（高槻市）

　朝の早よからよ、ドッコイショ、
　　弁当下げて、ドッコイショ、
　母ちゃん行てくるよ杵つきに、
　　ショコホイ、ショコ、ドッコイサァデ、
　ホーイ、ホイ
　殿はトロ押し私は地つき、おなじ改修で苦労する（囃し略）

川の旅

現在の淀川の利用価値は何よりもその水である。三〇〇万の大阪市民はもとより府民の多くもこの水に頼っている。

しかし明治になって京阪間に鉄道が着くまでは、ことに明治四三年に京阪電車が開通するまでは、淀川の利用価値は水運であった。京と大阪の間を上下する人も貨物も多く淀川の川船が頼りであった。

古代における淀川舟航の様子を物語るのは『土佐日記』の記事である。前土佐守紀貫之は承平四年の歳末、任地を離れて京に向かった。翌年の二月六日船は難波に着き、七日より淀川遡行の途についた。その夜は船中に寝て、八日は鳥養の御牧に泊った。今の摂津市鳥飼である。九日の舟行は川の水が減っていて船を曳いて進むのにも苦労した。左岸に惟喬親王の別荘であった渚の院が見え、中庭に梅の花が咲いていたとある。後世もこの地（枚方市）に、親王駒つなぎの松とか遺愛の桜と称するものがあり、また親王の鷹狩りに因む伝説があった。貫之の一行はこの夜鵜殿（高槻市）に泊まり、次の日も一日ここに止まった。山崎に上陸したのは、その翌日の二日である。前後五日間、まことに悠々たる旅である。もっとも、昔も下り船は半日から一日で難波に着いたようである。時代は下るが、歌人藤原定家の熊野詣でや有馬湯治の折の記録を見るとそのことが知られる。

中世、淀川のあちこちに数多くの関所が設けられた。一五世紀の半ば頃には、その数が三六〇に達したという記録がある。設立の目的は通行の船荷から関銭を取り立てることにあった。延暦寺の設けた淀の関は、川を上ってくる貨物の陸揚げ地点にあった故もあって、年間の収益は一〇〇〇貫文に達し、兵庫関とならんで著名な関所の一つであった。このことは、この川の水運を利用して京に運び込まれる物資がいかに多量であったかを物語っている。この川筋の繁昌によって、淀・山崎・橋本・枚方・江口・神崎等の船着き場も賑わい、江口や山崎には遊女たちが行客に媚を売った。淀には鎌倉時代から魚市が立ったが、それは淀川を送られてきた塩魚の市であった。山崎には油屋の同業組合である油座の本拠があった。油座の商人たちは諸国から製油の材料たる荏胡麻《えごま》を買い集め、それを船で山崎に送った。その船を過書船《かそぶね》とよんだのは、過書すなわち諸国を無料で通過できるパスポートをこの船が持っていたからである。彼らは山崎の離宮八幡宮と対岸の石清水八幡宮に神灯の灯油を献納する代わりに、この特権を得ていた。それとともに、京都ならびにその近傍一円での油商売の独占権をも握っていたのである。

川船のいろいろ

近世に入れば淀川の船便はますます繁栄するに至るが、この時代に川を上下する船もやはり過書船と称した。諸関はすでに廃止されていたのだが、古い名だけが残ったのである。過書船には大きく分けて貨物運送を主とする天道《てんと》船・書物船等と旅客を運ぶ人載せ三十石船とがあった。前者の根拠地は大坂のほか、右岸では道斎・前島・大塚（以上高槻市）、左岸では守口等であり、また神崎や尼崎の船もあって、米・塩・薪炭・魚類等の運送に当たった。なお以上の過書船のほかにも上流の淀、伏見に根拠地を持つ淀二十石船、伏見船があり、下流地方の過書船とは競争相手であった。

これらの船の中で最も人に知られていたのは、いわゆる三十石船である。これは京都の伏見から大坂の八軒屋（東区天神橋・天満橋間の木津川岸）までの定期船で朝と夕の二回双方から出た。下り船は半日または半夜で着くが、上り船は一日または一晩を要した。上り船は行程の大部分を曳き綱で曳いて上る。曳き場所は九カ所あり、左岸、右岸と変化する。たとえば鳥飼から三島江（高槻市）までは右岸、次いで左岸に移って枚方側を二〇町曳き、また右岸に移るという具合であった。三十石船の船旅を描写したものには、十返舎一九の『東海道中膝栗毛』や上方落語の「三十石船」をはじめいくつもあるが、これらにも見られるように、客は茶屋で船待ちをしたのち船に案内される。一方船頭の方でも大声で呼びたてて客を誘った。

「サアサア今出る船ぢゃ、乗らんせんか。大坂の八軒屋ぢゃ、乗って行かんせんかい」（『膝栗毛』）。

淀川三十石船船唄・由来碑

中流に乗り出せば船頭の船唄が出る。この唄は今なお沿岸地方に伝えられている。

ヤーレ、八幡山からな橋本見ればえ、赤い前垂れがな、出て招くえ、ヤレサ、ヨーイヨイヤーレ、ここはどこぞと船頭衆に問えばえ、ここは枚方かぎ屋浦、ヤレサ、ヨーイヨイ

橋本も枚方も船着場であるとともに京街道の宿場町で、遊女もいた繁昌の地である。鍵屋は店の裏にすぐ船の着いた枚方宿では名高い旅籠《はたご》であった。この宿は今も残っているが、川との間は高い堤でへだてられて昔の面影は見るよしもない。

川筋の名物「くらわんか舟」の集まったのもこの枚方である。この船は一名茶船・煮売船とも呼ぶ。三十石船の客に酒・餅などを売りつけるのが商売であって、現代の駅弁売りと似たものであったが、その呼び売りのことばが粗暴で、それがかえって人気を呼んだ。

「飯くらはんかい、酒飲まんかい、サアサア皆起きてされ、よう伏さる奴らぢゃな」

「汝も飯喰ふか、ソレ食らへ、そっちゃの童はどうぢゃいやい、ひもぢさうな顔してけつかるが銭がないかい」（『膝栗毛』）

当時の紀行・地誌を見ると、この物売船には必ず筆を費やしている。よほどもの珍しかったのであろう。

この船の根拠地は右岸の柱本（高槻市）と枚方であるが、本家は柱本で、枚方茶船は寛永年間柱本から分かれたものという。少なくとも柱本ではそう主張し、大坂夏の陣の戦に家康（秀忠ともいう）が真田勢の奇略にかかって追いつめられたとき、この地の平六という者に助けられ、その礼として茶船を公許したのに始まると伝え、客に対する雑言も礼儀を知らざる者ども故として許されたといっているが、もとより真偽の程はわからない。柱本・枚方両者の間では一応、上り船への商いは枚方、下り船へは柱本と区分がきまっていたが、この分担をめぐって双方の争いが絶え間なかった。というのも下り夜船の商いが最も利益が多かったため、枚方側がこれにくいこもうとしたからである。また沿岸の村々でもこれに目をつけて各種の物売船をたくらんだが、川筋一帯の独占権を主張する柱本側によって阻止されている。

鍵屋（枚方市）

明治になると、さしも栄えた三十石船も鉄道にとって代わられるが、その中間に川蒸気が客を運んだ期間があった。船は古い型の外輪船で、その外輪がゆるやかに川水をかき回して進むさまは一幅の絵であったが、当時の人びとにとってはやはり大きな驚きであって、弁当持ちてこれを見物に来たという。

3　琵琶湖

思い出の蒸気船

琵琶湖には今でもジョウキ（蒸気船）は走っているが、それはもうまったくの観光船でしかない。

ジョウキを初めて琵琶湖に浮かべようとしたのは、江州人ではなく、幕末加賀大聖寺藩の石川嶂であった。それまで湖上の水運を支配したのは、大津百艘船といわれた仲間であった。後には彦根三湊と対立して抗争したこともあるが、江戸時代を通じてそれは変わらなかった。彼は百艘船仲間の一庭啓二と語らって、二人して長崎へ行き、オランダ人ポーゲルから造船術を学ぶと、古機関を購入して一番丸をつくりあげた。明治二年三月三日のことという。一番丸は横腹に大きな水車のある木造船で、長い煙突から黒い煙をはきながら、大津―海津間を往来した。いわばそれが、湖上交通にとっては近代化の曙であった。

初期にはいろいろ経営者も変わったが、鉄道局による大津―長浜間の鉄道連絡船長浜丸がまもなく就航した。日本最古という赤煉瓦造りの長浜駅舎が、当時をしのぶ唯一のモニュメントである。明治一四年、その連絡船を太湖汽船会社に委託した。そして第一太湖丸以来戦前の第六太湖丸にいたるまで、実に多くの貨客を運んだが、戦後、陸運の発達が一段と高まるとともに、急速に衰えたわけである。

以前、湖畔の村々で子どもたちが、泳ぎの遅い者がいると、よく「六太湖」といってからかった。六太湖は第六太湖丸の略称で、なんといっても、その船足の悠長さが彼らにも印象的であったからであろう。

たとえば湖西の今津辺から京都へでも出ようという場合、朝五時頃の便船で大津へ着くともう一〇時を過ぎていた。今津以北の人たちなら、もっと時間がかかったことになる。せいぜい二〇〇トン足らずの船で、真中の機関室の前後、つまり船首と船尾の方に狭い客室があり、それはもう、ダンダンガタガタとエンジンの音が響き詰めであった。そういう中に雑魚寝も同然、小半日を退屈しいしい過ごしたものである。それでも途中で係の船員が、欠餅せんべいやパンなどを売りに廻って来て、筆者なども子ども心にそれを買ってもらうのが楽しみであったことを覚えている。深溝崎や比良あたりの港のない所では渡し船が漕ぎ寄って、客と荷物の上げ下ろしをしたりもした。ジョウキとはそんな船であったから、琵琶湖の波は外洋のそれとは比べものにはならないが、時化《しけ》ればやはりたいへんであった。風向きの都合では今津に着くはずの船が、時には北の大浦、東の長浜まで行ってしまうこともあった。

現在のジョウキ（浜大津港）

　そんな中で、八景丸・みどり丸・京阪丸といった普通のジョウキの二倍も三倍もある大型観光船の姿が、ついこの間まで、絵のような思い出にあるが、琵琶湖総合開発という名と共に、ずいぶんと矛盾をはらんだ政策が進行する今日このごろの風景は、もうとてもそんな悠長なものではなくなってきている。なにしろ琵琶湖大橋とか、近江大橋といった大きな橋が二つも架け渡され、今は琵琶湖の上を自動車が走る時代だからである。

さきにも触れたが、大津は秀吉の時に船持ちに船一〇〇艘を整えさせたのが始まりで、大津百艘船と呼ばれた。観音寺百艘ともいうのは、芦浦観音寺船奉行の支配下にあったからである。天正一五年（一五八七）、浅野長政から制札五カ条が与えられ、その特権で、以来湖上の水運について実権を一手に握ることを得た。とりわけ大津港からの荷物は、いっさい他港の船に積むことが禁止されていた。

当時大津へは近江の国内はもちろん、美濃の国、または北陸の諸国からも米が送られてきた。そのため、今の米原近くにあった朝妻や、湖北の海津・塩津の港はたいそう繁栄したのである。

今も古老たちがこんな話をする。塩津でカゼといえばマキタ（北風）のことを指すことが多く、これが吹くとすうっとしたよい日になる。そしてこうした日、船の大きな白帆いっぱいに風をふくらませると、塩津から大津までまっすぐにすべるように船を進めることができたのである。それが寒《かん》に三日も続いて大津へのびると、その年は商売繁昌五穀豊穣疑いなしとさえいい伝えた。

菅江真澄が『鄙の一ふし』に採録した、

　山本山がのいたらよかろ塩津がみえてなほよかろ

という歌は、「近江国杵唄、臼曳歌にも諷《うた》ふ歌」とあるものの中の一つだが、貧しい対岸から眺めた塩津港の賑わいへの羨望といったものが、痛ましいまでに胸をうつ。

江戸時代も中頃は西廻《にしまわり》航路がさかんになり、それとともにこれらの諸港や大津浦も昔ほどではなくなったが、まだまだその価値は失われていなかったと思われる。とりわけ矢橋渡《やばせのわたし》は、草津から矢橋を経て、湖上を船に乗って大津の石場浜への近道で、「瀬田をまわれば三里の損」といい、横断交通として利用者が多かったが、この渡し船も百艘船仲間の特権であった。三〇石か四〇石の小さな船が数十艘もあって、一石に一人の割りの客を乗せて運んだのである。

ところで江戸時代の地誌で知られた『近江国輿地志略』(享保一九年刊)では、当時の湖上船を丸太船《まるたぶね》(船の大小で大丸子・小丸子の区別があった)といい、各港別の船数、積載量などが記されている。合計して一〇二四艘もあり、大きなものは四三〇石も積んで往来したとある。また、『和漢船用集』(宝暦年間刊)にも、琵琶湖の船を丸木船《まるきぶね》というと書かれている。桜田勝徳氏が「船名集」という論考でそれらを引き、その船はどれも船側に丸太様の木を取り付け、一枚帆で航行した時代には「ホリコミ千俵」といって、投げ込むだけの乱雑な積荷でも、米一〇〇〇俵が積める大きな船であったとか、それが古津・今津・海津・塩津など湖北の港に多かったのは、北前船から敦賀や若狭の港へ陸揚げされた物資の、大津方面への運搬船であったのだろうと説明している。

考えてみると右のマルタ・マルキなどという称呼には、なにか古代の刳舟を連想させるものがないではない。そこで琵琶湖にもそうした残存がありはしないかと、以前県が調査をしたが、その結果は何の手がかりもなかったらしい。石塚尊俊氏の『民俗資料による刳船の研究』でも、琵琶湖のマルタブネに触れているが、刳舟との関係については仮定の問題として取り上げている。だからもう現実の刳舟は、湖上にはどこにもなかったといってよい。

チャリンコの操るマルコ(堅田港)

刳船のむかし

ところが中世の絵巻物である「一遍聖絵」や「石山寺縁起」には、瀬田川、宇治川を渡す川船が描かれていて、それがどうやら丸木船と思われる。一本の木が二つに割って刳ってあり、船の中ほどに船梁を設けたこともわかるが、それはもう古代の丸木船とそれほどの違いがないものである。おそらく琵琶湖へもこうした船は往き来したのであろう。すると先年の調査は、むしろこの方面から考えなおす必要がなかったか。

中世といえば、吉川英治の『新平家物語』で脚光を浴びた堅田湖族が忘れられない。しかし、この話は『本福寺旧記』が種本のフィクションで、湖族というのも実は殿原衆《とのばらしゅう》（地侍層）・全人衆《まろうどしゅう》（自営農漁民層）を併せた堅田衆のことであった。中でも頭目に刀禰《とね》・居初《いそめ》・小月《おづき》の三家があり、伊予水軍の河野氏と同じ大山祇神《おおやまつみのかみ》を祀る宮座を組織し、堅田港によって上乗（関務と運送）・漁業・造船の三つの湖上権を掌握した。服部之総がかつてその勢いを著書『蓮如』に、同時代のイギリスの海賊町、キリングリュウス家のファルマウスに比較したくらいである。そこで先の絵巻物の小さな刳船と、この堅田衆の操った船とがはたしてどのようにオーバーラップし得るのか、少々戸惑いを覚える点がないでもない。

さらに遡って『万葉集』をみると、

近江の海湖《みなと》は八十《やそ》ありいづくにか君が船泊《は》て草結びけむ
天霧《あまぎら》ひ日方《ひかた》吹くらし水茎《みづくき》の岡の水門《みなと》に波立ち渡る
大御船泊《は》ててさもらふ高島の三尾《みを》の勝野《かちぬ》の渚し思ほゆ
わが船は枚《ひら》の湖《みなと》に漕ぎ泊《は》てむ沖へな放《さか》りさ夜ふけにけり
高島の足利《あど》の湖《みなと》を漕ぎ過ぎて塩津菅浦今か漕ぐらむ

と、ここにも琵琶湖の水運に関連して、当時の港、覊旅と遊楽などを詠んだものがある。また、

さざなみの平《ひら》山風の海吹けば釣する海人《あま》のそでかへるみゆ

さざなみの志賀津の白水郎《あま》はわれなしに潜《かずき》はなせそ浪立たずして

というのは内水面の漁撈に触れたものだが、漁民のことをアマといい、それが潜水・釣漁を行なった形跡のみえることである。ここでも船の種類や形が問題であるが、その造船技術のほどは確かめがたい。

ところが最近県内でも、続々と土中の刳船が出土している。戦後の土地開発がもたらした偶然と、学術調査がにわかに進んだ結果である。中でもさきの『万葉集』にみえる元水茎《みずくき》の内湖遺跡からは、一度に七艘の発見があった。どれも一本の丸木船で、縄文後期のものといわれている。ここでは石錘、網の伴出もあって、もうその時代にかなり進んだ漁撈の行なわれていたことを物語る。ところでほど近い石山貝塚には、すでに海産の貝で作ったアクセサリーが出土していた。瀬田川が宇治川と名を変える所が天ガ瀬（海人ガ瀬か）で、家船《えぶね》を思わす堅田出来島《でけじま》のチャリンコや、琵琶湖周辺には、そういえばなにかとアマに関連した伝承が多い。あれこれ思いめぐらすと、この先史の人びとは、琵琶湖ばかりか絶えず淀川水系を上下して、遙かなる瀬戸内にさえ交流したことがしのばれる。それは、われわれの想像する以上にスケールの大きな交通圏をもっていたからにちがいない。

元水茎内湖遺跡から出土した刳船
（「大中の湖南湖遺跡調査概要」より）

4 大和川

天井川

大阪平野は空から見る限り、その大半が家で埋まってしまった観がある。そしてもう川船の通う風景など見かけることはできなくなってしまった。しかし大正時代まで、大阪平野の諸川は重要な交通路の役割を果たしていた。平野には大動脈をなしている淀川のほかに、寝屋川と大和川の分流である久宝寺川、玉櫛川などが流れていた。

大和川は大和の国から流れ出ている川で、大和盆地は周囲を山でかこまれているが、盆地の西隅の王寺というところから生駒山地に深い峡谷をきざんで河内の国分へ流れ出、そこで河内金剛山の麓から北流する石川の水をあつめ、大阪平野をほぼ西北に向かって流れ、淀川に合流していた。

大和は早くから水田のひらけたところであり、年々川の流し出す土砂の量もおびただしい。それが大阪平野の諸川の川床をしだいに高くしてゆき、いわゆる天井川になって洪水をよびおこしていった。

江戸時代の古い記録を見ると、元和六年（一六二〇）から貞享三年（一六八六）までの間に堤防決壊が一一回にのぼっている。六年に一回の割合である。それも大和川が河内平野へ流れ出て少し北へいった柏原付近にきまっていた。そこは石川との合流点の下流で、川水が増加しつつ方向を変えるところである。堤防を破った水は平野を北へ流れて、いま鴻池新田とよばれているところにあった深野池に落ち、そこから西の淀川へ合流した。深野池はいわば大きな遊水池であった。

たび重なる洪水の難からのがれるために、明暦年中（一六五五―五八）この川を国分からまっすぐに西へ流して堺市の北で海に入れる計画をたて、川付けかえを申請した百姓があった。しかし、これは幕府の容れるところとならず、この百姓は牢屋へつながれたのち、自殺した。新しく水路になるところには多くの村があり、平和に暮らしている。その人たちの生活をおびやかすことになるからであった。

水の都・大阪の街

川付けかえの運動

しかし、その考え方は大和川下流の農民たちに大きな反省を与えた。そして川付けかえを真剣に考える人が出はじめた。その中に、今米村の中九兵衛と芝村の乙川三郎兵衛という人がいた。ともに深野池の南方に住む豪農であった。そしてその熱意に動かされて幕府役人の巡見も行なわれたが、川床となる村々の大反対があってやはり申請はとりあげられなかった。ところが、貞享三年（一六八六）の大洪水は河内平野の大半を大池と化し、そのため平野の人びとは長い間水に苦しめられた。

どうしてもこのままではすまぬと九兵衛らは、被害をうけた村々六八カ村の庄屋の署名連判を得て江戸へ陳情にいったが、九兵衛はその旅先で死に、三郎兵衛は連判の中に偽判のあることをつきとめられ、帰郷ののち狭山池へ身を投げて死んだ。しかし、九兵衛の子で中家をついだ甚兵衛らが中心になって、この運動を押しすすめていった。

しかし、新川の川床になる舟橋・北条・大井・沼・太田・若林・川辺・城連寺・池之内・芝・油上の一一カ村の反対は大きかった。今ひとつ、川付けかえがなされると水の大半は新大和川に流れ、もとからの大和川は水が不足し、舟航に支障をきたすのではなかろうかということになる。この川には柏原船・剣先船など多くの川船が上下していた。その数は四〇〇艘にのぼったといわれ、米・麦などを大坂へ運び、大坂からは干鰯や材木を運んだ。そして、剣先船は国分からさらに川をさかのぼって亀ノ瀬というところまでいった。そこは川底が岩になって、急流をなしていたので、そこで荷をおろし、そこから魚簗船とよぶ、剣先船よりは小さな船に積みかえて大和平野の村々に運んでいた。大和平野の川は、初瀬川でも佐保川でも川幅せまく水量もとぼしく、夏水田に水をひいている間は航行が不可能で、秋稲刈の終る頃から、春田植の行なわれるまでの間、川船がかよっていた。そのような悪い条件の中で多量の干鰯が運ばれ、それによって、綿作が盛んに行なわれていたという。とにかく、大和川は河内・大和の農産物や肥料輸送の大動脈であったので、川の付けかえで水量が減るようなことがあると大変なことになる。

付けかえ工事

また新大和川の川敷になるところは西の方、すなわち海岸に近づくにつれて地面が高くなっていて、瓜破村・杉本村・山之内村・遠里小野《おりおの》村の間は四、五丈も掘りさげねばならず、それは当時としては大変な難事業であった。それらのことを理由にして反対する者は少なくなかったのだが、大坂町奉行の下で代官を勤めることになった万年長十郎は熱心な新田開発論者で、川を付けかえることによって、旧川床を新田に開くことができ、また深野池の干拓もできる、また旧大和川の主流である久宝寺川は、川ざらえさえ十分にすれば川船を通わせることは可能であるとみて、大和川付けかえに賛成し、元禄一六年（一七〇三）にはその決議がなされるにいたった。そして新川掘の奉行所が河内柏原におかれ、大久保甚兵衛・伏見主水が奉行となり、九鬼大和守（摂津三田《さんだ》）・松平左兵衛佐（明石）、植村右衛門佐（大和高取）・織田山城守（丹波柏原《かいばら》）などの諸大名が普請手伝として工事をひきうけることになった。

その頃のことであるから、工事についても人力のみに頼らなければならない。まず平地のところは川堤を築き、丘陵のところには掘割をつくらねばならぬ。そのために運ばねばならぬ土の量は二六万六二五〇立坪。これに要する人力は延べ一七六万六二五〇人、そのほかの工事を含めて二一四万五二三五人にのぼった。しかも、この工事は八カ月を要したのだから、毎日九〇〇〇人内外の人が出て働いたことになる。とにかく、近世ではまれにみる大工事であったといえる。このようにして大和川の水は堺の北で大阪湾に入ることになった。

付けかえ後

それではこの川の付けかえによって、どのような変化がおこったであろうか。まず第一に久宝寺川の水量が減った。これは多くの人の予想したことであった。すると剣先船の航行が困難になり、運賃を値上げせざるを得なくなった。その上輸送量もおちてきた。そのことによって困ったのは大阪平野・大和平野の百姓たちで、稲作や綿作に必要な肥料が不足して思うような収穫をあげることができぬ。そこで牛馬の背をかりて肥荷物の運搬がはじまったが、運賃が高くついて、百姓たちは購入を手びかえざるを得なくなった。交通量を増すためには川ざらえをせざるを得ない。しかし、そういう工事が根本的に行なわれること

大和川川口に開けた堺港

はほとんどなかったようである。

一方、新大和川の川口を近くにもつ堺では、新川を利用して肥料を河内へ運ぶ計画をたて、剣先船一〇〇艘あまりを用意したが、新川は川底が浅く、その上流路がきまらないで、船の上下はほとんど不可能であり、間もなく、剣先船も廃止されていった。そればかりでなく、新川は大和平野からのおびただしい土砂を出水期になると海へ押し出して堺の港を埋めてゆき、堺の北の七道村の新田はその土砂の流し出した砂州の上に成立したものであった。

古川の方も、川床を砂に埋められながらも船の往来はつづけられて、明治にいたったのである。そして川床が砂で埋まっているところでは、船人たちは船から川の中におりて、ジョレンで砂をかきのけて通路を作った。そして河内平野の重要な輸送路としての役割を果たした。肥料は干鰯や油粕ばかりでなく、大阪市民の排泄する屎尿の量もおびただしく、それらも河内の百姓たちが船で汲みとりに来ることが多かった。この肥船は昭和の初め頃まで見かけたものであった。朝早く野菜を積んで天満の市場まで来、それから市中の得意先の町家の屎尿を汲んでまわった。船中に汲みとった肥桶をギッチリとならべておく者もあれば、船の中へそのまま汲みこむものもあった。そうした船が川をのぼっていくのをよく見かけたものである。一人は船の舳に綱をつけて、それを肩にかけて、川岸の犬走りを曳いてゆく、一人は棹をもって、その棹を川底に突き、棹の一端を肩にあて、舳から艫まで船べりをあるきながら押してゆく。このようにした川船が何艘もつらなって川をのぼっていったものであった。

これらの川船を利用して、客が往来するというようなことはほとんどなかったようであるが、寝屋川だけは春さきになると、野崎の観音様へまいる人たちが船便を借りることが少なくなかった。

新田をひらく

一方、河内野の中に三二五町歩という面積をしめていた深野池は、中甚兵衛が開墾権を得、二四に区切って二四人の人が開墾することになり、深野池の西につづく新開池は、鴻池家が開墾することになる。反別二二一町歩であったといわれるが、水田になったのは一五八町余であった。また古い川筋の堤防や土砂流出地もひらかれて、多くは綿を作るための畑になり、その面積は五〇〇町歩にのぼった。新川の川床となったのは三〇〇町歩をこえていたが、差引きして七〇〇町歩余の増反になったので、幕府からみれば、この付けかえは大きな成功であったということができるだけでなく、河内野は綿の大きな産地として登場することになるのである。

大和川という川には、川交通の上からいっても決してはなやかな物語りはない。しかし百姓たちが、これほど生き生きとして利用した川もなかったといっていい。そして平野を電車や自動車が走るようになってからも、なお肥船は昭和の初めまで通っていた。

今はもうすっかりドブ川になって、民家の間を流れている。そしてヒバリのあがる麦田も、菜の花のさきほこる田も見かけなくなった。しかしこの川によって、河内野の発展が助けられたことは大きかった。

5　紀ノ川

高見山と大和街道

和歌山城天守閣から遙か東方に三角形をした秀麗な山が見える。伊勢と大和の界に聳える高見山（一二四九メートル）である。一〇〇キロ以上も離れた山が見えるだろうかと疑問に思われるであろうが、『紀伊名所図会』には市内の御伊勢橋から、『小梅日記』には楠右衛門小路からこの山がよく見えると書いている。武士たちは江戸参勤や紀藩伊勢所領用務のため、また紀州一般の人ならば伊勢参宮の際には、紀ノ川沿いの大和街道を東にとって必ずこの山の肩を越えねばならなかった。峠越えをしなくなって久しくなり、多くの人から忘れられたのである。

紀ノ川にはその河口から始まって大和・伊勢の各地に縄文遺跡があるので、この街道は縄文街道ともよばれるが、応神天皇が吉野へ行ったとき、この河畔に住んだ国栖人が山の木の実を常食とし、赤蛙を上味としていることを聞いておられる。大和平野が稲作農耕に入って久しいのに、ここではまだ自然物採集の時代だったのである。国栖では今も一月には昔をしのぶ民俗行事がある。

大和に入ると、伊勢街道と名を変える紀ノ川沿いの道にはいくつかの紀州侯の本陣がある。名手は華岡青洲の妻の出た妹背家がそうであるし、橋本にはこの家に遊んだ呉ヨ昌が、「紀之川声忽来杯底」と書き残している池永家があるし、鷲家には幕末ここに泊ったレンチュウ（簾中、紀伊侯夫人）様に抱かれた赤ん坊のいた辻家がそうであった。この道は吉野から紀三井寺まで芭蕉も通ったたし、本居宣長も和歌山へ講義に赴くときに通って途中から船で下ったたし、著名な伊勢の漢学者斎藤拙堂も同様な経路で和歌山へ行った。

筏

大台ケ原に源を発し吉野の美杯を縫うて北流する古くから吉野川とよばれるこの川は、国栖のあたりで西に向きを変え、そのままわずか南に傾いてまっすぐに西流し、万葉人に讃美せられた宮滝の深潭を過ぎ、『古今集』や院本で知られた妹背山の間を流れ、紀伊に入って紀ノ川と呼ばれ、しだいに空も広くなり、綿畑と水田の豊かな紀北の野を下って行った。

紀ノ川が「川の道」としての役割を最も強く果たすのは流筏である。

万葉にはすでに「斧取りて丹生の檜山の木こり来て筏に作り」と見えているが、檜材を下流の和歌山まで流したのではなくて、丹生（東吉野村）から大淀町あたりまで流してきて陸に揚げ、そこから陸路を運んで飛鳥や藤原の都へ送りつけたものであろう。文禄三年（一五九四）秀吉が伏見城を築いたとき、檜材を大和最南端の北山郷に求めたが、熊野川はまだ水路が開けていず、木材は高峻な伯母峯を引き越して吉野川に落とし、そこから川を下して大淀町檜垣本に揚げ、陸上を運んで木津川に至り、ここで筏に組んで伏見に着けた。明治一〇年代ちょうど同じ輸送法が用いられたことがある。

『万葉集』巻一の藤原宮之役民作歌では、江州田上山の宮材を宇

鷲家本陣辻家に残る紀御用提灯箱

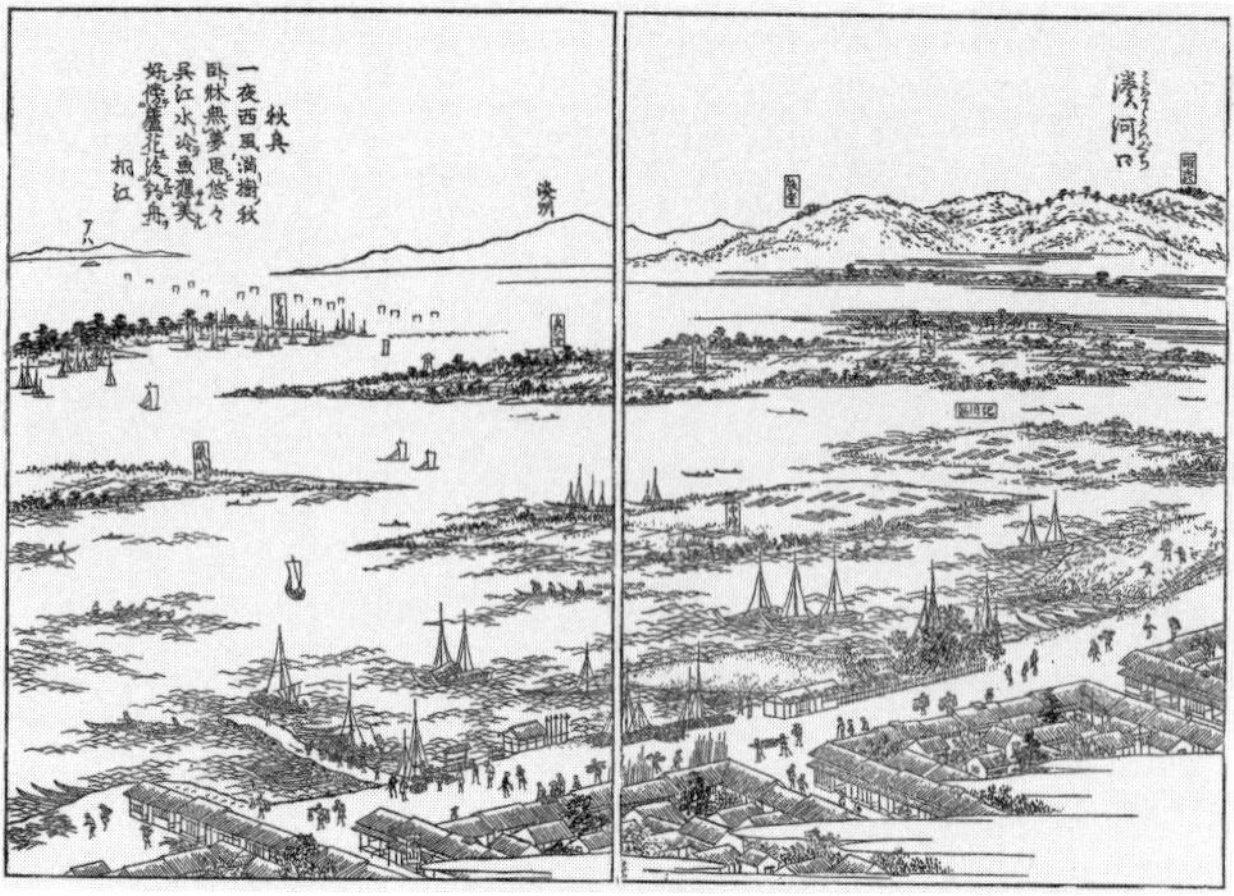

紀ノ川の川口(『紀伊名所図会』より)

治川に下し、それを泉川に持ち越して筏に組み、そこから川を下して難波の海に出し、海路紀ノ川口に廻し、紀ノ川を遡行させて陸に揚げ、巨勢路を経て藤原京に運んだと宣長は説く。巨勢に近く船路という地名のあるのは、こういうこととかかわりがあるのではないかと思わせる。藤原南家武智麻呂の菩提寺、五条の古刹栄山寺にある、もと山城道澄寺にあった大きな名鐘、六田の川辺に立つ大坂の肥前蔵や津軽蔵の蔵屋敷の人たちの寄進した大峯山への大石灯籠、このようなものも同じようなコースをたどって現在地に到着したのではないかと思われる。

商品としての木材を筏に組んで和歌山へ流し始めたのは、江戸中期の宝暦あたりからといわれるが、盛んなときは一〇〇〇人もいたといわれる筏師は、吉野川沿岸の人たちであった。古くは流筏は秋九月から春三月頃までの期間であったが、後には年中流すようになる。いくつも繋いで大体五〇メートルの長さである。上流から河口まで順調にいって四、五泊、激流岩礁の多い栄山寺までは二人、後は一人で流していった。頼まれて酒樽や杉や檜の皮なども多量に上荷に積んだ。紀州領の岩出には役所があって、下ってくる筏から二割の税を取った。また九度山を過ぎると石を詰めた竹の蛇籠を積んで流れを堰き、横の水路に川水を流れさせて水田の灌漑用水とする井堰があった。小説『紀ノ川』に出てくる新六《しんろっ》箇《か》井《い》堰もたぶんその一つであろう。小田井から始まって下流まで、これが一二、三カ所あった。この井堰がまた下ってくる筏を簡単に通してくれず、結局は金で解決ということであった。吉野川沿岸で頑是ない駄々っ児をキシュウさんというのは、紀州侯を筆頭とするこういう権力からきたことであろう。筏唄に、

筏乗りさん袂が濡れる
紅絹《もみ》のたすきをかけなされ

というのがある。厳しく動き廻るのに袂付きの着物はおかしいが、筒袖を着るようになったのはずっと後で、以前は袂付きの半纏を上衣としていたのである。足袋と草鞋だけの寒中の仕事は辛かった。立って激しく動きながら飯食うのはわしらだけやと笑った老筏師がいた。「大塩焼け」（大塩の乱）に大和で買って組んだ筏を和歌山で高く売り、ここで材木を安く買って大坂へ飛んで高く売り、これを何回か繰り返したが、いくらたっても帰ってこないので心配した家人が相談しているところへ、こんだけ儲けたぞと大金を投げ出して驚かせたという話も聞いた（この大量の流筏もトラック輸送発達のため全く絶えた）。

川船

宣長も司馬江漢も吉野山へ行くとき渡った渡し場は桜の渡しというが、ここから下流に柳、椿、檜、松と植物名を付けた五つのゆかしい渡しがある。水涸れの時期は板を渡した橋であったが、多くの支流の水を合わせて水量豊かになった紀州側では船が多く利用された。大峯山、高野、熊野への三信仰街道の渡船場は多くの道者を渡した。紀ノ川遡行の川船は西風を利用して帆を上げた。吉野川畔にある古い石屋は土地にない和泉の砂岩を買い、帆掛け船で運んできた。明治二〇年代のことである。五条―橋本間に一九艘

の川船が就航していたのは元禄の記録にも残るが、五条川原で演じられた淡路の人形芝居も船で上ってきた。紀北の妙寺あたりの野でとれた綿をオリヤが仕上げた織布は、川船で和歌山へ下って行った。有吉氏の『紀ノ川』の女主人公が、五艘の船で川を下って海草郡の旧家へ嫁いでいった日の描写は美しい。明治三二年のことである。人も荷も川船で上り下りしたのである。粉河小学校の校内にあった石灯籠はもと川端にあって、夜船の灯台になっていたと聞いた。紀州の海の魚も雑賀塩も船で上ってきた。

川のほとりの人生

粉河町東野（現・紀の川市東野）の若一王子の『名付け帳』に、生まれた赤ん坊を氏子としてその名を書き留めることは、文明一〇年（一四七八）以来連綿として今日まで続いているが、上流吉野町山口に残る『大頭入衆日記』も郷社大宮社に氏子入りをした記録で、正中二年（一三二五）に始まっているからこれよりもいっそう古いが、今にまでおよんでいない。大和国中《くんなか》地方の多くの村々から、秋祭の頭屋《とうや》が吉野川の畔に鎮まります大名持神社の下の塩生淵の聖水をくみ、小石を拾いにくること、同じく大淀町にある川の畔の大欅の木の下の淵の聖い水を畝傍山に神社の夏祭用の用水として行列美々しく汲みに参向したこと、河畔の各地で秋祭の神霊を招くオカリヤ（仮屋）を作ることなど、今に残る紀ノ川・吉野川の民俗に遠い日本民族の習俗を思わせるものがある。

冬になると竹箒を作って売りに出るが、夏には川原に天幕を張ってヨヅケ（鰻の流し針）をした漁人の姿も近頃は全く見かけなくなった。紀州には熊野・富田の二川に、そう古くない頃まで鵜飼のあったのは古書に明らかであるし、有田川には現在もそれが行なわれている。紀ノ川では、上流吉野川に万葉以来江戸初期に至るまで、この漁法があったがこれも消えて久しい。

伊勢湾台風の折の紀ノ川の猛威は目に残っている。伊都郡の中洲にあたる草が美しく繁茂した大きな島、舟岡山のためその上流地域が浸水し、島を削ろうという上流と、させまいとする下流との争いもあったようである。

紀ノ川の中の島（舟岡山）

この川の水を長い導水路によって水の乏しい大和盆地へ農業用水として流水させたし、日本第一の多雨地帯からの豊富な河水は、工業用水としても貴重である。有吉氏が作中人物の口を借りて、

紀の川ほど美《う》っつい川は他にございませんよし

と讃えたこの川も時とともに変貌してゆくことであろう。

6 熊野川

山中の川

熊野川ほど山中ばかりを流れて海に入っている川は日本でもめずらしい。島根県の江ノ川なども、山中を縫うて出ていきなり海に入るのだが、それでも上流では三次や庄原のような大きな盆地の中を流れている。それがこの川だけは平地らしいところを流れることがない。そういう点では不思議な川だといってもいい。

熊野川は川口から四〇キロさかのぼったところで二つの川が落ち合っている。東の方から来た川を北山川、西から来た川を十津川といっている。北山川の水は冷たく青く澄みきっているが、十津川の水は黄色の濁りをおびており、水量も少ない。この川水の色がこの川の歴史を物語っているのである。そのことについては、あとでくわしくふれることにする。とにかく山中を流れるといっても両側はけわしく高い山地で、もとは川に沿う道すら細く桟道になっているところが多かった。その急傾斜をのぼった、はるか高いややゆるやかな斜面に人家があった。その村も真下からは見えないものがほとんどで、下流の方の見通しのよいところから見て、それとわかる程度であった。

こうした峡谷であったから、対岸に橋をかけることも容易ではなく、昔は葛でのうた綱をわたして、これに籠をぶらさげ、その籠を綱をたぐって動かして対岸にわたるようにしたところもあった。これを籠の渡しといったが、葛が針金にかわった後にもなお見られ、昭和二〇年頃まで風屋というところにそれがあった。川は渡船で渡るところが多かったが、それも両岸に葛綱をわたしておいて、それをたぐって渡るものが多かった。ところが明治の終りごろになって、針金の生産が盛んになると、それを利用して針金橋を作ることが流行し、この山中には多くの針金橋がかけられた。現在の針金橋は、ピンと張りつめてあるからよいが、昔のものはそうではなく、かなりたるんでいたものだったから、歩くたびにゆらゆられて、なれたものでなければ渡れるようなものではなかった。明治四〇年ごろ、この谷を北から南へ下っていった紀行文に、この針金橋をわたりかけ、見下ろせば千仭の峡谷であり、歩けば橋がゆれて、ついに渡り得ず、川岸の崖を岩を這うて渚に下り、裸になって着物を頭の上にくくって川を徒渉したという記事がある。しかも、そういうところを何カ所も経なければ目的地へはゆけなかったという。

熊野川中流

それほど不便で危険に満ちた山中を、昔は意外なほど旅する人が多かった。ということは、真言宗の霊場として名高い高野山と、山伏や観音信仰の霊場として知られる熊野を結ぶ最短距離の道がこの山中を通っていたからで、高野を出て十津川のほとりの五百瀬《いもぜ》という所までは山坂ばかりこえなければならないが、そこからさきは十津川を船で下ることもできたし、川ぶちの道をあるくこともできた。

しかも、そういう道をあるくことを信心深い人たちは修行と心得ていた。

一方、山の中を流れているということで、川の両側の山中にはうっそうと木の茂った山が重なり、それらは広葉樹が多かったが、四〇〇年あまり前から杉の植林も盛んに行なわれ、杉山もまた少なくなかった。そしてそれらの杉は伐採期に達すると伐って川に落とし、筏に組み川を下した。川口の新宮はこの材木の集散地で、そこから船に積んで大阪、名古屋、東京に送られた。新宮という町は熊野川によって発達した町であったといっていい。

さて杉の多く植えられていたのは北山川の流域であった。この川は水量も多かったので筏を流すに適していたが、この流域の住民たちの多くは、杉を伐る杣役をつとめていた。そのいきさつについては、このシリーズの『山の道』の中に、北山一揆のことを書いてあるので思い出していただきたい。

プロペラ船

私は大正一五年の春、この川をプロペラ船にのって瀞八丁まで行ったことがある。当時は紀勢線はまだ開通していなかったから、大阪から汽船で勝浦というところまで乗り、そこで上陸して汽車で新宮までゆき、新宮からプロペラ船へ乗った。これは船に大きなプロペラをつけたもので、プロペラのまわることで船が前進する。川は水の浅いところが多く、スクリューをつけたのでは、スクリューがたびたび川底の土砂にひっかかることがあるが、プロペラならそのことがない。船底が川瀬に乗りあげないかぎりは前進することができる。このような船がここに発達したのは、北山川がすばらしい峡谷をなしており、特に瀞八丁は両側が断崖で、川は深い淵になっている。景勝の地として、京阪神地方からこの地を訪れる人がふえたために、このような船がかようことになった。

そのころ熊野川には高瀬船がたくさん上下していた。高瀬船は下り荷は木炭や薪を多く積んでいた。上りは空船が多かった。船には棹さしが二人乗っており、船に綱をつけて曳子が二人くらい川原を這うようにして船を曳いていた。上り荷を積んでいる船は曳子が三人か四人かかって曳いていた。上り荷は米が多かったようである。両岸が岩になり、川が淵になっているところは棹さしだけが船にのっているが、川原のある所には、専業の曳子がいた。この船は瀞八丁あたりまでのぼっていく。それから上は急流で、船でのぼるのは無理のようであった。

観光客でにぎわう瀞八丁

そのような川をプロペラ船ならば、曳子も棹さしもいなくてものぼってゆく。しかし荷物を積む船にはプロペラはつけなかった。運賃がずっと高くなるからである。しかもこの川は上り荷よりは下り荷がはるかに多かった。下り荷はさきにも書いた材木であり、これは筏に組んで下すことができた。上り荷の少なかったのは、山中の人口が少なかったからであり、しかも上流の人たちは荷を背負って山をこえ、紀ノ川筋へ出ていった。そこには橋本・五条・下市・吉野などの町があり、商品の取引きにも便利であった。

十津川くずれ

このような川にも大きな水害があった。明治二二年八月のことで、一七日から降りはじめた雨が一九日までつづき、一九日は天の水のすべてがこの山中に落ちて来たと思われるほどの豪雨であった。その雨は二〇日朝六時に止んだが、山中いたるところに大きな山崩れをおこし、それが川をせきとめて湖を作り、周囲四キロをこえるものが九つもできた。しかも、その水がやがてせきとめていた土砂を押し流して奔騰しはじめたのだから物すごかった。上野地、林などでは水位が八〇メートルをこえ、その他のところでも四〇メートルから五〇メートルあったから、かなり高いところにある人家まで一気に押し流してしまった。こうしてこわされ、あるいは流失した家が四〇〇〇軒に近かったということは、まともな家がほとんどなかったということである。そのうち、現地ではどうにも復旧の見込みのたたぬ者六〇〇戸が、郷里をすて北海道へわたって新十津川村をつくるのである。この水害を世人は十津川くずれといった。

この水害によって十津川筋は川床が三〇メートル以上も高くなり、景観は一変し、川船も通わなくなったし、また筏を流すことも少なくなった。しかし北山川の方は洪水をひきおこさず、今日まで昔のままに流れている。

流域の変貌

十津川の流域は昭和二〇年以降実に大きな変化をとげる。その一は森林開発公団によって、この山中にいくつかの林道が通じ、材木の搬出が川によらず、トラックによって、山をこえて京阪神、名古屋などへ運ばれるようになったこと、その二は、十津川筋の猿谷、風屋、二津屋にダムがつくられ、川沿いの道は拡張舗装されて、今は奈良から熊野川口の新宮までバスが通ずるようになっている。それればかりではない。平谷というところには、十津川温泉郷とよぶ大きな歓楽街も出現した。

昔の新宮の熊野川原は川船の船着場であり、筏の着場としてにぎわい、川原には多くの家が立ちならんでいた。その家はまた面白い家で、すぐこわせるようになっていた。大きな雨が降って川の水があふれそうになると、みんなこわして高いところへ持ち運び、川原には猫の子一ぴきいなくなる。そしてやがて濁水が川いっぱいに流れる。その水がひいて川原が出て来ると、人びとはまた川原に家を建て店を出し、川に生きる人びとの相手をした。この不思議な町も今は消えている。川の機能がすっかりかわったからである。

しかし北山川の方は瀞八丁があり、さらにその奥に北山峡があるということによって、まだ昔のおもかげを多分に残している。

一方多くの人びとが、霊地霊場として散々苦労して訪れた熊野三山（本宮・新宮・那智山）も、今日では観光地として簡単に訪れることができるようになった。そして行者や山伏の姿も見かけることが少なくなった。

十津川にかかる谷瀬大橋（奈良）

六　中部の川

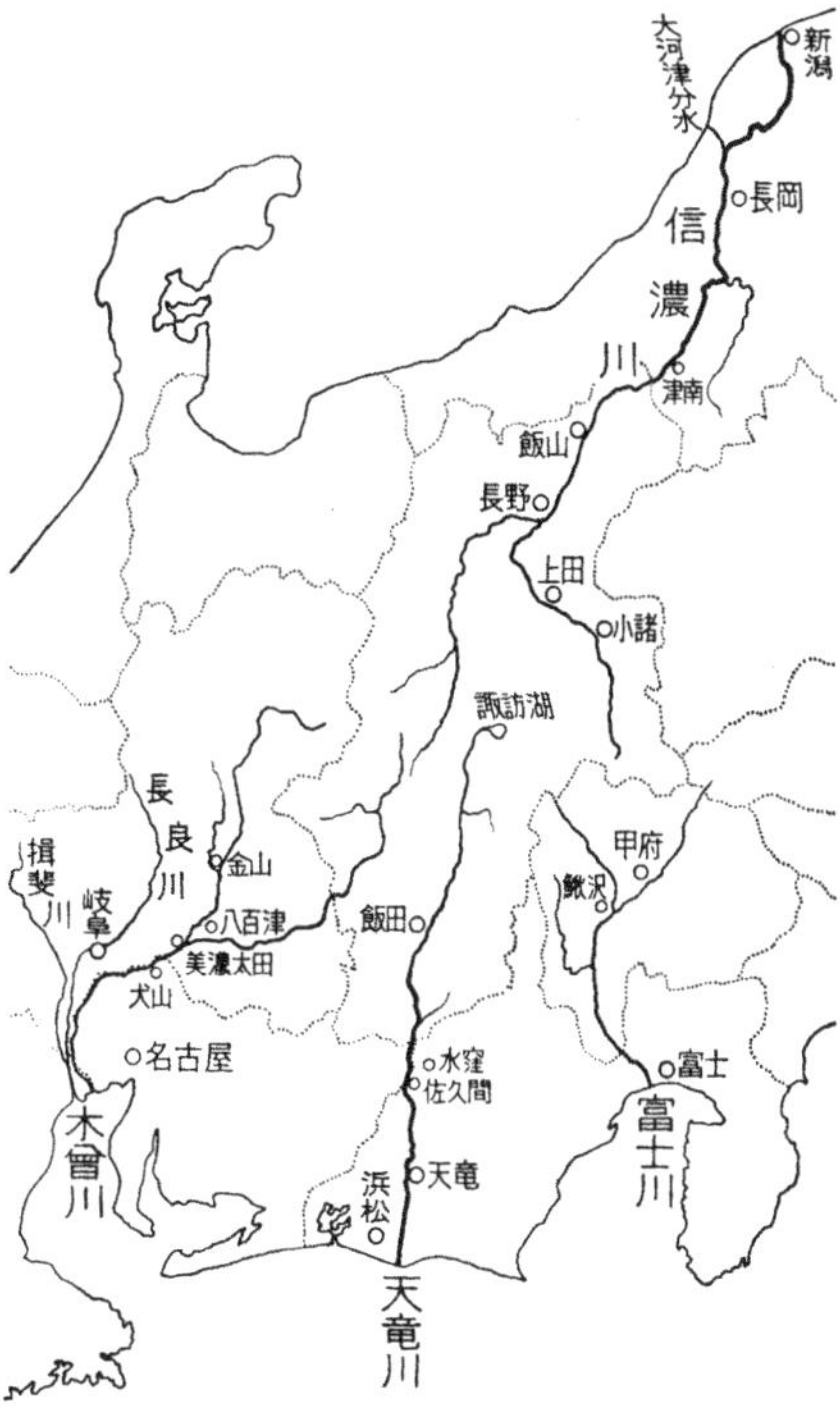
新潟
大河津分水
長岡
信濃川
津南
飯山
長野
上田
小諸
諏訪湖
甲府
鰍沢
富士
富士川
長良川
揖斐川
岐阜
金山
八百津
美濃太田
犬山
飯田
名古屋
水窪
佐久間
天竜
浜松
木曽川
天竜川

1 木曾川

輪中に水屋

「美濃国に因幡河といふ河あり、雨降りて水出づる時には量りなく出づる河なり。然ればその河辺に住む人は、水出づる時に登りて居る料とて、家の天井を強く造りて、板敷のように固めて置きて、水出づれば、その上に登りて、物をもして食べなどして有るなる。(中略)下衆は、その天井をば水屋とぞいひける。」

『今昔物語』にでている因幡川(長良川)の洪水の話である。本文ではこのあとに、洪水で天井にしつらえた水屋に女や子供が避難していたが、あまりの大水に家がそのまま浮きあがり、押し流され、暴風に屋根をめくられて炊事の火が吹き散らされ、火事になった。水にとびこんだ子供が水面にでている木につかまって助かった。が、水がひいたら目もくらむような大木のてっぺんであった。木の下に網をはってもらい、観音を念じてとびおり助かった、という観音霊験談になるのだが、すでに『今昔物語』が書かれた一二世紀のはじめごろ、濃尾平野では洪水にそなえて水屋の設備があったことがわかって興味深い。

木曾、飛騨、美濃の深くけわしい山地から流れでる木曾川・長良川・揖斐川は、いずれもその上、中流域のせまく深い溪谷を抜けて広々とした平野にでると、思うさま流路をひろげ、網の目のようにからみあって伊勢湾にそそいでいた。しかも、その源流山地は年間二〇〇〇ミリから三〇〇〇ミリにおよぶ多雨地帯であるから、大雨になると、それこそ量りなく水出でて、流路を変える暴れ川であった。木曾川水系の村々では、年に二回以上の洪水があると昔からいわれているほどで、そこに住む人びとは量りしれないほど水害に苦しめられてきた。水に苦しめられ、水とたたかってきた濃尾平野の人びとの自衛手段のひとつが水屋であった。

輪中

耕地よりも屋敷を高くもりあげ、周囲にタケ、マツ、ムクなど根ばりのよい木を植えている。これは防風林であると同時に出水の時に家や水屋をしばって流失しないようにする役目もする。母屋は二階建てになっているものが多い。その二階が『今昔物語』に書かれたような水屋になっているものもあるが、屋敷の一隅をさらに高くして別棟の水屋を建てているものが多い。水屋の大きさは間口三間、奥行二間、六坪程度のものが多いが、これを二分して、一方は米麦など穀物の倉庫として使い、一方をほりこみ部屋といって避難した際、生活できるように味噌・醬油・漬物などをおき、長持・簞笥・貴重品などを収納している。仏壇を安置してある水屋もあるという。そして水屋の軒下にはあげ船という避難用の小船が吊りさげられていることが多い。こうした水屋をそなえた屋敷は美濃側の輪中地帯に多く残っている。

輪中もこの地方独特のもので、洪水とたたかう暮らしの中から生まれてきたものである。輪中は古くは曲輪ともよんでいる。洪水による浸水流失をさけるために耕地、集落を堤防でかこんだ。その堤防が曲輪であり、曲輪の中にあるということで輪中といったのである。

濃尾平野は低湿地が多い。木曾・長良・揖斐の三川が上流から運んでくる大量の土砂が河口を埋めて砂州をつくり、それがしだいに発達してできた平野であるから土地は肥えている。この平野に住む人びとは、下流にできた砂州の中で、洪水のおそれの少ないところを選んで拓き、集落をつくり、さらに下流の低地に堤防を築き水田をつくった。その堤防もはじめは「尻なし堤」とか「築捨堤」などとよばれるもので上流にだけ築いたものであったが、しだいに下流にも水の逆流を防ぐための堤防を築くようになり、さらに耕地、集落を堤防でとりかこんでしまうようになる。これが完成された輪中であるが、その最初のものが元応元年（一三一九）にできた高須輪中だといわれている。高須輪中についで嘉暦元年（一三二六）には福東輪中、森部輪中ができ、近世にいたっては、下流低地の新田開発が大いに進み、一〇〇に近い輪中ができている。

輪中は、濃尾平野の農民たちが自らの生命を守るために力をあわせて築いた曲輪である。

同じ輪中に属する何カ村、何十カ村の人びとは強いきずなで結ばれた運命共同体を形成し、強固な団結心を持っているという。これをいっぱんに輪中根性とよんでいる。

宝暦治水

濃尾平野の下流は、その地形が西側ほど低くなっている。木曾川よりも長良川が、長良川よりも揖斐川が低い。そのため、洪水の被害は西側ほど強くうけることになる。その上、木曾川東岸の尾張には江戸時代初期、「お囲堤」が築かれ、ほぼ完全に洪水から免れることになる。

お囲堤は家康の九男義直が尾張に封ぜられた翌慶長一三年（一六〇八）から二年の間に築かれている。木曾川左岸の犬山市を起点に延長約五〇キロ、堤の馬踏み（頂上）の広さ平均一四、五メートル、高さ九―一四、五メートルという大変なものであった。この堤は徳川幕府の西国にたいする防衛の要になる尾張を守るという軍事的な目的を多分にもっていたが、それによって洪水から免れることのできた尾張の生産力はいちじるしく上昇し、公称四五万石の尾張藩の実高は一〇〇万石をこえるほどになった。しかし、このお囲堤によってはねかえされた木曾川の水は弱い右岸の堤防をこわして美濃側になだれこみ、大きな被害を与えつづけた。慶長から宝暦までの一四〇―一五〇年間に、美濃では一一〇回以上の大洪水に襲われているという。美濃を水害から救うには、網の目のようにいりくんでいる三川を分け、交通整理する以外にないのだが、大工事であるだけに容易に実施にいたらず、宝暦三年（一七五三）幕府に御普請御手伝役を命じられた薩摩藩によって行なわれることになる。いわゆる宝暦治水である。この治水工事の計画概要は、第一に宝暦三年の洪水で破損した堤を修復すること、第二に木曾川の分流である佐屋川の州をさらえて木曾川の水を四割程度流れるようにすること、第三に油島新田と松ノ木村のあいだで合流している木曾川（長良川）と揖斐川を分流することであった。

大変な難工事であることは当初からわかっていたことで、幕命を受けた薩摩藩では家老平田靱負を総奉行に、家臣九四七人を現地に派遣して、工事の遂行に努力し、宝暦四年二月に着工して、翌五年三月に完成させた。予想をはるかにこえる難工事で、手伝役という名目で工事の全責任を負わされた薩摩藩では割腹者五三名、病死者三三名におよぶ犠牲者を出し、四〇万両に近い出費をみている。四〇万両を当時の米価で米に換算すると一六〇万石になる。薩摩藩は七七万石であるから、その二年分をこえる高になる。いかに大きな負担であったかということがわかる。そのうち二二万両は借金で賄われたのだから、薩摩藩の財政は危機におちいり、領民は重税にあえぐことになる。奉行の平田靱負は幕府の見分が終った五月二五

漂材を拾う（『運材図会』より）

日、予想をこえる出費と犠牲者を出したことの責任をとって割腹をする。

宝暦治水は大きな犠牲をはらって行なわれただけに効果も大きかったが、輪中地帯を中心とする美濃平野の村々が完全に洪水から免れるまでにはいたらなかった。その後も水害は絶えず、幕末までに行なわれた大名の御手伝普請だけでも一〇数回におよんでいる。

木曾川水系の根本的な治水は明治二〇年代以降、国、県によって行なわれる木曾川改修工事まで待たねばならなかった。木曾川改修工事は明治二〇年から四五年まで二五年間にわたって行なわれ、ほぼ完全に三川の分流がなされ、長年苦しめられた洪水から解放されることになる。

筏と川船

多雨、急峻な山岳地帯から一気に流れ下る三川は、ひとたび増水すると手のつけられない暴れ川となって濃尾平野の人びとを苦しめたが、その反面、水路として人や物の運搬になくてはならない役割も果たしてきた。アクスイとよぶ排水路が縦横にはりめぐらされている輪中地帯では、村内の往来や農作業に通うにも伝馬・藻苅・田船などの小船を使っていたし、桑名・四日市・津、あるいは海を渡って名古屋や熱田にゆくのには本流を鵜飼船や四ツ乗りという川船に帆をかけて往き来したものである。木曾・長良・揖斐の本流は下流地帯の人びとが利用するだけではなく、上流地方と結ぶ船運の便があり、長さ四間から四間半くらいの舳の高い舳高船《へいたかぶね》がたくさん往来していた。舳高船は木曾川の本流では黒瀬・錦織（八百津町）を起点として下り、飛驒川では麻生（川辺町）、金山（金山町）から下っていた。船頭は二人で、下り荷は薪炭やコンニャクイモなど山地の産物を五〇〇貫ほど積み、上りには味噌・醬油・肥料などを一〇〇貫かそこいら積んで曳いてのぼった。これは木曾川だけでなく、長良川や揖斐川にもあった。長良川は上有知《こうずち》（美濃市）まで、掛斐川は支流の牧田川から久瀬川の開鑿路を通って大垣まで通じていた。牧田川には船附・栗笠・烏江に川湊があったが、ここは伊勢湾からはいってくる荷物を北濃、近江、京都に運ぶ中継地となっていたという。

錦織綱場（大正中頃。写真提供：八百津町教育委員会）

　山地で生産された産物のうち、最も大量に水運を利用して運ばれたのは木材である。

　山で伐り倒され玉切りされた木材は、シュラや木馬によって谷川まで出され、一本ずつ流す。水量の少ないところでは材木で堰をつくり水をため、その水を落とす勢いで流す。これを小谷狩という。本流にはいると水量も多くなるから堰はつくらずに流す川狩になる。小谷狩・川狩は主に秋の仕事であった。木曾川本流では錦織に綱場があり、川狩によってここまで流された材木は、ここで筏に組まれ、熱田にある白鳥の貯木場まで送られ、ここから船で江戸や大坂に運ばれた。飛騨川の場合には下麻生まで流し、ここで筏に組んだ。筏は水量の安定している時でないと流せない。冬が多かったが、八十八夜まででうちきりになっていた。筏の大きさは一五尺の木材を二本つなぎ、幅が八、九尺から一丈ていどのもので、錦織や下麻生からは一枚に二人で乗り下し、美濃太田のあたりまでくると二枚をあわせ、犬山で四枚をひとつにする。下流になるに従って川が大きくなり、水量も多くなるので、笠松からは三〇枚も四〇枚もをあわせて一艘にし、八人が一組となって下る。錦織から河口まで八日かかっていたという。

木曾の木材が流送された記録で最も古いものは応永二八年（一四二一）に焼失した鎌倉円覚寺の再建用材として木曾川を流し、桑名から鎌倉まで海路運んだものであるという。

以来、五〇〇年余にわたって木曾川の風物となっていた雄壮な筏流しも、上流にできたダムや林用軌道の普及によって、その使命を終え姿を消した。筏流しの最後は大正一〇年に流した伊勢の御神木であったという。

2 天竜川

諏訪盆地と伊那谷

天竜川は全長二一六キロ、諏訪湖に源を発し、伊那谷を南流して、三信遠の国境地帯を下って静岡県掛塚で海にそそいでいる。

多くの河川は、その上流が深い森林地帯で、中下流にいたって平野を形成しているが、天竜川はそうした川とはおもむきを異にしている。すなわち、源にあたる諏訪地方はひろい盆地をなしており、それに続く伊那の谷も、西は木曾、東は赤石の高い山脈にかこまれているが、比較的ひろくひらけている。そして諏訪盆地も伊那谷も古くからひらけ、高い文化をもったところであった。

ひろびろとした景観をみせる伊那谷も飯田を過ぎると、ようやく谷がせばまり、天竜川は深い峡谷をつくって流れる。三河・信濃・遠江の境にあたる山岳地帯である。集落は新しくつけられた川沿いの道からは、それと見わけがつかないほどに高い山の中腹に点在している。つい最近まで、このあたりは日本でも最も交通不便なところとして知られる地帯であった。しかし、これらの山腹に点在する村々は、必ずしも新しいものではない。山がけわしく交通も不便で閉ざされた世界であったけれども、その奥に伊那や諏訪の盆地があり、そこに通ずる細々とした山の道が何本もあったから、古くから人の往来がみられ、世をしのぶ人びとがのがれ住むには都合のよい世界であった。そうしたことが、この山中にも早くからかなりの人びとを住まわせた。この山中に住んだ人びとは山をひらいて焼畑をつくって食料にし、楮やコンニャクを金にかえ、杣や木挽などの山仕事によって賃銀を得るつつましい暮らしをたててきたが、その一面では高い文化を持ち伝えるだけのゆとりももっていた。この山地にいまも伝えられている多くの神事芸能がそのことを物語っている。その主なものをあげてみると、天竜川左岸には、遠山地方の遠山祭、水窪《みさくぼ》町西浦の田楽、草木の神楽、右岸では新野の盆踊・雪祭、坂部・大谷の冬祭、北設楽の村々で行なわれる花祭などがある。いずれも多分に古風をとどめたすばらしいものである。

その山中を通って平野地方と奥の盆地を結ぶ道は、三河からはいるものと、天竜川に沿ってはいる道とある。いずれも山越えの道である。天竜川に沿う道も、けわしい山の中腹にあるわずかな段丘や尾根を通っており、川岸に沿ってさかのぼることはなかった。谷はけわしく危険が多かったからで、山腹や尾根筋の方がはるかに安全で歩きやすかったからである。

人や物資はこの山の道を通って交流していた。それでは、天竜川の流れが交通路として利用されなかったのかというと、そうではなくて、古くから利用されていたのである。

筏流し

現在、天竜川中流山地のうち静岡県側を中心として、スギの植林がさかんに行なわれ、みごとな美林を形成している。いっぱんに天竜林業地とよばれ、規模の大きな木材産地として有名である。この山地にスギが盛んに植えられるようになったのは、明治になってからのことであるが、この流域の木材利用の歴史はずっと古くにさかのぼる。

この山中には、モミ・ツガ・サワラ・スギ・ヒノキなどの良材が豊富にあったから、それを伐り出し、天竜川を利用して流し、海路を江戸や大坂に送っていたのである。記録に残されているのでは慶長一四年（一六〇九）豊臣秀頼が方広寺大仏殿を改築するさい、信濃の山から伐り出した大木を天竜川を流したというのが最も古いというが、それ以前から榑木《くれ》として出すことは行なわれていたのではないかと思われる。

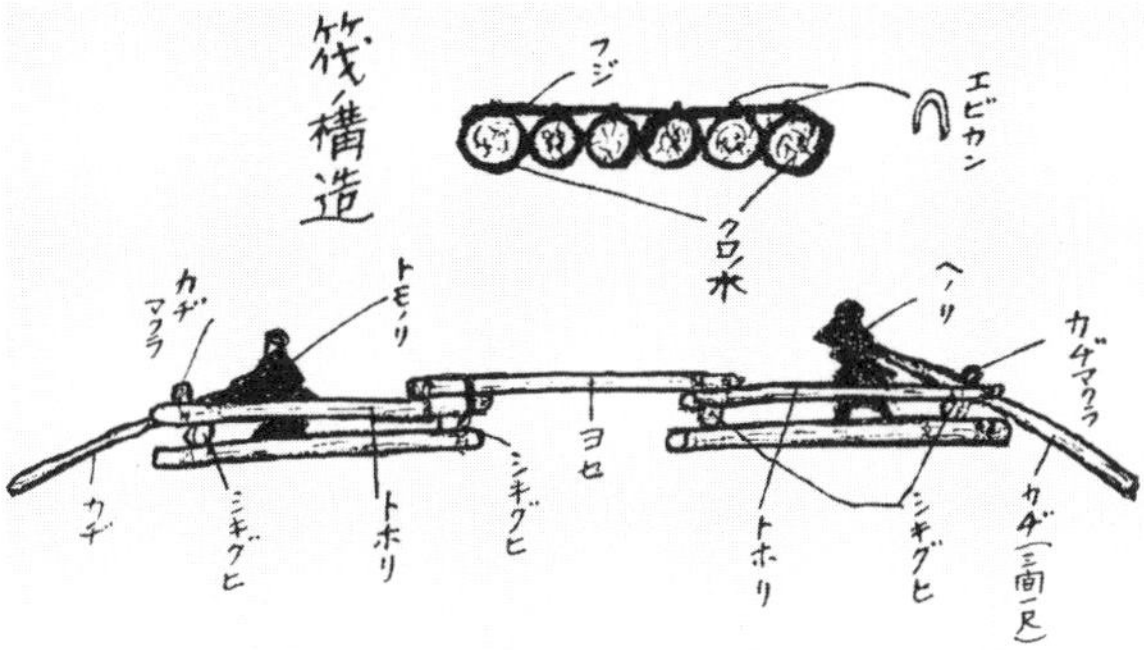

筏の構造（『南伊那農村誌』より）

　榑木というのは、サワラ・クリ・スギなどを三尺ないし五尺くらいにきって、鉈で割ったものである。江戸時代には伊那谷の村々から大量に出されたもので、この大きさは長さ三尺三寸（長榑木）と二尺三寸（短榑木）、割り口の三方が三寸、一方が二寸のもので、江戸に送られ、屋根材・桶材・曲物などの原料として使用されたものである。丸太のまま出すよりは運搬に便であり、利用価値も高いことから、交通不便な山地では多くこれに加工して出したものであるが、耕地の少ない伊那の村々では榑木が本年貢として課せられていた村が多かった。

　山で割り出された榑木は川ばたの土場に集められ、天竜川を流して、静岡県天竜市（現・浜松市天竜区）の舟明《ふなぎら》・日明《ひあり》まで運んだ。筏に組んで流すこともあったが、多くは管流しの方法によったという。このあたりの流れは急流であったのと、榑木を筏に組むにはその材料にする藤づるが大量に必要で、負担しきれなかったからだという。舟明では管流しされてきた榑木をいったん陸揚げして、山積みし、検査された上で、区分けし、久能山や鳳来寺山等の修理にまわすもの、江戸や京都に送るもの、あるいは商人に売りわたすものなどにわけられ、筏に組んだり、船に積んだりして掛塚の港まで運び、掛塚から海路を船で送られたのである。

江戸時代を通じて年々大量の榑木が流送されたが、そのほかに丸太のまま出されるものも多かった。丸太の場合は支流では管流しによるが、本流にはいると筏に組んで流した。支流での管流しを川狩りといい、川狩りをする人夫のことをヒヨウといった。ヒヨウはトビグチ一本で材木を川に落とし、スムーズに流してゆくのだが、支流になると岩が折り重なっていて、木の流せないようなところが多い。そうしたところでは、腰まで川にはいって流れるようにしなければならないし、また、水の少ない場所では丸太を横にならべて堰をつくり、すき間を柴などでふさいで水をため、材木を浮かべて水を一気に落として、その勢いで材木を流してゆかなければならない。たいへん技術のいる苦しい仕事であった。

こうして本流との合流点まで流された材木は、筏師にわたされ、筏に組まれる。二間の丸太を二〇本程度ならべて藤づるでかたくしばり、さらにエビカンを打ってとめる。こうして組んだ台の前後にシキグイという丸太を二本置き、その上にトオリを左右に積んで桝をつくる。そしてトオリの上にカヂマクラを置いて舵をとりつける。こうして組みあげた台を二つ合わせてヨセでしばりつけ、二人が乗って下ってゆく。先の筏に乗るのをヘノリといい、後に乗るのをトモノリという。急流で岩場が多く、渦を巻いているような難所が多いので、ヘノリとトモノリの気が合っていないと、岩にあたって筏が砕けたり、渦に巻かれて筏がひっくりかえったりする。遭難するものがたいへん多かったもので、遭難除けのために難所になっているところには必ず弁天様か水神様をまつっていたものであるという。伊那路を流してきた筏は天竜市の鹿島につけ、ここで三倍の長さに組みなおして、下流の筏師が乗って下まで下った。筏で運ばれた材木は、掛塚から江戸や大坂に運ばれたものであるが、明治になって東海道線が開通すると、上流の中ノ町（浜松市）が製材産地として発達し、そこにつけられるようになる。そして昭和初年、二俣線（現・天竜浜名湖線）

が開通することによって、中継地であった鹿島・二俣が製材産地となり、そこで陸揚げされるものが多くなった。そして、後には伊那からくる筏は水窪川との合流点、佐久間町西渡のあたりを中継地として組みなおされるようになっていた。

川船

天竜川は流れが急で、岩場が多かったから、舟運には適した川ではなかったが、船を利用すれば大量の荷を運ぶことができたし、流れに乗って下れば早く目的地に着くことができたから、局部的に川船が通い、物資の輸送を行なっていた。

天竜川の舟運をひらいたのは富士川の開鑿を行なった角倉了以であるという。了以は慶長一二年（一六〇七）二月、家康の命をうけて富士川の開鑿工事に着手しているが、同じ年の六月に天竜川の開鑿をも命じられている。了以が天竜川でどんな工事を行ない、それによって通船が、どのように可能になったかは明らかでなく、寛永一三年（一六三六）伊勢の太兵衛が、鵜飼船という川船をひいて、高遠の谷から流れ下る三峯川との合流点までさかのぼり、そこからさらに掛塚まで五三里の間を下したのが、通船の最初だといわれている。

それ以後、船を使っての物資輸送はたえず行なわれていたようで、明治四年には上、下伊那郡に五〇般の船があったという。これらの船は、主として飯田市の弁天あるいは時又から満島（天龍村平岡）までの間を上り下りするもので、満島から下は別の船が通っていた。しかし、満島から中部（佐久間町）までの間は、瀬が荒いために船は少なかったという。

下流を通うものは、掛塚あるいは中ノ町から中部までを往復するのが主であった。船の大きさは長さ七

天竜下り

間半、中ばりの幅七尺五寸、深さ二尺五寸程度のもので、上流から門島（泰阜村）までは七五〇貫、それから下は川が良くなるので八五〇貫くらい積むことができたという。

船頭は四人が一組になって乗りくんでいた。すなわち、舳先に乗るヘノリ、艫に乗るトモノリ、舳と中央の中間に乗るヘワケ、艫と中央の間に乗るトモワケと各々をよんでいた。そして、トモノリのことを庄屋ともいい、最も熟練した船頭がつとめたものであるという。下りは水棹を使って激流を乗りきってゆくのだから、危険でもあり、熟練を要したが、そのかわりスピードもあって、時又から満島まで三五キロほどを二時間半、時又から鹿島まで一一二キロを八、九時間で着いていたという。しかし上りになると、そんなに簡単にはいかなかった。南風の吹く時には帆が利用できるから比較的楽であったが、良い風のあるのは四月から一〇月までの、しかも一日のうちで午前一〇時から一二時頃までの限られた間でしかなかったから、主として綱で曳いたのである。

曳きあげる時にはトモを上流に向けて、サキヅナ・ナカヅナを艫の出っ張りにかけ、アトヅナを中ばりにかけ、三人が岸におりて曳く。一人は船に残っていて水棹を使い、岩や波をよけるのである。また時には七、八艘を一線に結んで、二〇人くらいが共同して曳くこともあった。この方法は河原のひろい足場のよいところで行なわれた方法である。鹿島から時又まで曳きあげるのに、七日くらいかかっていたという。

天竜川を通行していた船は丸木船の名残りをとどめた鵜飼船が多く使われていたが、それとは別に角倉船とよばれるものもともとはあった。この船に積んで運んだのは、下り荷には米・大豆・炭・茶・椎茸などが主なもので、上り荷では秋葉方面からは楮の皮、三河方面からは塩・砂糖・綿・酒・味噌などがあげられていた。

筏や管流し、川船などの往来で賑わっていた天竜川も、昭和一四年に水力発電用のダムが築かれたことから、大きく変化する。まず、伊那谷からの筏流しや通船がやみ、下流地方の筏も、昭和二八年からはじまった佐久間ダムによって終止符をうつことになった。そして現在、天竜川中流部には秋葉・佐久間・平岡などの大きなダムが築かれ、川に沿って車の通る道がつけられ、さらに奥地にも何本もの道が通じて、中流地区は川に沿うて飯田線の電車が走っている。そして新しい文化はその道を通じてはいっていくようになった。

3 富士川

湖水伝説

甲府盆地は、大昔、一面に水をたたえた湖であったという。大昔の人は湖水のほとりに住み、船を主要な交通手段として往来をしていた。現在、盆地をとりまく山の中腹や丘陵地にいくつも船をつないだという岩や、船みちといわれるあとが残っているが、それは湖水のほとりに住んでいた人たちの生活の名残りであるという。そうした頃に根裂の神、磐裂の神があらわれ、南山の岩をきりあけて湖水の水を、駿河の海に通ずるようにした。そのために湖水は枯れ、広い盆地ができたという。それは神々ではなく、養老年間（七一七—二四）に甲斐をおとずれた行基菩薩であるという説もある。いずれにしてもこれは伝説であり、そのまま信ずることはできないが、この話のなかには、富士川水系の氾濫によって苦しみ、それとたたかってきた甲府盆地の人たちの長い苦労の歴史が秘められているように思われる。

四囲の山々の水はすべて盆地に集まり、富士川となって流れでる。

秩父山地に源をもち盆地のほぼ中央を南流する笛吹川は、盆地東半の水を集め、西北の山からでる水は赤石山脈のひとつ、鋸山（二六〇七メートル）に源をもつ釜無川に合流する。そして笛吹川と釜無川は盆地の南西隅、鰍沢付近で落合い、富士の西裾を深くえぐって、駿河の海にそそぐ。富士川である。

いっぱんに富士川は、笛吹川との合流点から下、七二キロの流れとして知られているが、河川法による富士川は釜無川を含めて、全長一二九キロの川ということになっている。公式には釜無川という名はない。しかし、土地の人たちはいまも上流を釜無川とよんでいる。

いずれにしても、甲府盆地の水のただひとつのはけぐちが富士川である。その盆地からの出口にあたるところが、神々や行基によって切りあけられたといわれているところで、禹《う》の瀬とよばれている。これは黄河の治水に成功して夏を建国した禹王にちなんで名づけられたという。そのことによってもわかるように、ここは富士川治水の要になるところである。きりたった岩山が両側からせばまって狭間となり、勢いを増した水が岩をかんで流れる。難所である。そのすぐ上手はかなり広い氾濫原になっている。大雨が降ると、はけきれない水がここでせきとめられて水が逆流したことがわかる。そして上流の堤防をこわし、盆地の人たちに大きな被害を与えてきた。富士川水系の氾濫によっておこされた水害の記録は数多く残されている。この流域に住む人たちにとって、富士川の治水は黄河の治水に匹敵するほどのものであった。

富士川（鰍沢付近）

盆地形成にちなんで語られる湖水伝説は、古い時代の治水の記憶を物語っていると思われるのである。

信玄堤

古代からいくたびとなく繰り返された治水工事のなかで、最も特色があり、成功を納めたと考えられるのが武田信玄によるものである。

信玄は天文一〇年（一五四二）父信虎を追放して甲斐の国守となっているが、翌天文一一年、大洪水におそわれ、大きな被害をうけたことから治山治水に意をそそぎ、笛吹川、釜無川の要所に大規模な堤防を築き、護岸工事を行なっている。信玄の築いた堤防は信玄堤とよばれ、いまも何カ所か残っている。そのひとつが、御勅使《みだい》川が釜無川に合流する地点から下の釜無川東岸にみられる。これをみると、川の流れにそって築かれた主堤に雁行状に何本もの副堤を出した、いわゆる霞堤といわれるもので、水の流れにさからわず、自然力をたくみに利用して、水流をコントロールするように工夫している。なおその上、堤には竹を植えてより堅固にするとか、領民を堤のそばに移して、地子や諸役を免除し、堤防の保護と防水の任にあたらせるなどの方策をとったという。

信玄の治水法は甲州流川除とよばれ、近世以前の治水技術の最高のものといわれている。

この結果、新田開発や水利灌漑の便はおおいにすすみ、盆地の生産力をいちじるしく高めた。そして、そのことが近世初期に開かれた富士川の舟運につながることになるのである。

角倉了以

富士川の開鑿は、家康の命をうけた角倉了以によって慶長一二年（一六〇七）二月に着工され、五年の歳月をかけて完成した。それによって、従来、嶮岨な山坂道を越えるしか方法のなかった人や物資の交流が、川丈一八里の富士川を通じて行なわれるようになり、甲斐、信濃、駿河の人びとにはかり知れないほどのうるおいを与えることになった。

富士川開鑿を行なった角倉了以は、京都の郊外、嵯峨の角倉に住む豪商で、本名を吉田光好といった。

家康の朱印状をうけて海外交易を行なっていたが、若い頃から土木工事にも関心をもっており、慶長九年、備前和気川（倉敷川）に遊んだ折、川船の通るのをみて、その有利なことを知り、慶長一〇年に保津川の上流、大堰《おおい》川の開発を計画し、家康の許可を得てそれを完成している。そうした了以の経験が買われて富士川の開鑿を行なうことになるのだが、激流岩をかむ難所の多い富士川の開発は困難をきわめたようで、寛政九年（一七九七）鰍沢河岸にたてられた「富士水碑」はそのようすをつぎのように記している。

「……其ノ滝ノ如キハ高キヲ鑿チテ之ヲ平ニシ、其ノ広クシテ浅キハ石ヲ積ミテ之ヲ狭クシ、其ノ石ノ水上ニ出ズルハ焼爛シテ之ヲ砕ク、其ノ潜リテ伏スルハ径尺長サ二丈ノ錐頭杖ヲ作リ、浮楼ヲ構エ以テ之ヲ下シ、轆轤ニ囚ツテ之ヲ挙ゲ、必ズ砕テ後チ之ヲ舎ツ、財力労費ノ多少ヲ厭ズ、是ヲ以テ功成リテ舟ヲ通ズ……」

どれほどの労力と金がかかったのか記録は残っていないが、これによって鰍沢の合流点から駿河岩淵まで、川丈一八里といわれる富士川を川船が通うようになった。

笹船

富士川の水運に用いられた船は、『甲州道中記』に「船のそこ板うすし、船細く長し、幅せまし、船ぞこ板うすき訳は大早川にて川そこ板薄き故にかりかりと底をばすりても、そこうごく故に別条はなし、船底板あつき船はわれると云なり」と書かれているように、岩石の多い富士川の急流にたえるようにモミの薄板を使って、艫の高い平底の、見た目にも薄い感じにつくられており、その形から笹船とよばれていた。また高瀬船ともよばれていた。大きさは長さ七間半、幅は艫梁五尺一寸、中央六尺五寸、舳梁五尺三寸、深艫舳二尺五寸、中央二尺一寸と「富士川河川調査書」に記されている。この程度の船に下り荷には四八〇貫、米なら三斗六升入り三二俵、上り荷には二八八貫を標準として、四人の船頭が乗って上下したのである。

積荷は、家康による富士川開鑿の目的が、直轄領となった甲州の年貢米を江戸に廻送することにあったといわれるように、御廻米の運送が第一であったが、そのほか下り荷としては生糸・酒・醬油・煙草・味噌・麦・寒天・板類・木炭など多種多様な産物を積んでいるし、上り荷としては塩を第一に、魚・畳表・油粕・干鰯・瀬戸物・藍玉・砂糖などであった。特に塩がこのルートを経由してはいってくるようになったことが大きな意味をもっている。塩は甲府盆地の需要をみたすだけではなく、信州諏訪、伊那、松本方面にまで大量に送られている。

三河岸

これらの物資のほとんどは鰍沢(鰍沢町)、青柳(増穂町)、黒沢(市川大門町、現・西八代郡市川三郷町)の河岸につけられ、そこから運び出された。鰍沢・青柳・黒沢の船着場は富士川舟運の起点となるところで、三河岸あるいは元河岸といわれて、大変にぎわったものであった。特に鰍沢は船着場であると同時に駿州往還の宿場でもあったから、問屋・旅宿・商店が軒をならべて、この地方第一の町場としてにぎわい、盛んな時には一日に八〇〇艘もの船が出入りしたという。三河岸以外にも釜無川筋には韮崎・下今井(双葉町、現甲斐市)、笛吹川筋には石和・小石和(石和町)・川田・山崎(甲府市)・国府(春日居町)などに船着場が設けられていたが、これらの河岸で積みおろしする荷物は三河岸で積みかえられたのである。三河岸とこれらの河岸とを往来する船を近番船といった。

近番船で集められた荷物は、三河岸で積みかえられて岩淵の河岸まで一気にこぎ下る。鰍沢から岩淵まで早い時で六時間くらい、その日のうちに着いたものであった。

四人の船頭のうち、一人は船首にあって棹を使い、船尾にある一人は舵をとる。残り二人は中ほどにあって櫂でこぐ、急流に乗るとめくるめくほどの早さで、景色をみる余裕などはなかったという。上り船のときは一人は船首にあって棹を使い、二人は曳き綱をひき、一人は水にはいって棹で船を押しながら上るのであるから、時間はかかり、一八里の川を急いで四日、ふつうは七日くらいかかって上ってきたものであるという。夜になると川原に船頭の泊る小屋がたてられており、そこにあがって寝たり、部落の近いところでは泊めてくれる家がきまっていて泊ったものであった。多い時には一〇〇〇艘以上もの船があり、明治二〇年頃でも八〇〇艘からの船があって往来していたというから、どれほど多くの荷物がこれによって動いていたかが想像できる。そして沿岸の村々には船稼ぎによって暮らしをたててきた人も多くいたのだが、明治末に中央線が開通し、さらに昭和三年に身延線が全線開通することによって、富士川の船運はその使命を終えたのである。

河岸船着場(『鰍沢町誌』より)

4　信濃川

流路

信濃川は、その源を南北アルプス、関東山地に発し、中流の川中島で千曲川と犀《さい》川の二つの川が合流し、長野県の水の大部分を集めながら流下し、県の東北部で新潟県に入り、更に北東流して新潟市で日本海にそそぐ。全流長三六七キロ、流域面積一二〇五平方キロで両県の約半ばを占める。支流は二七七、発電所数一〇七、下流に越後平野を形成する。以上百科辞典からの抜き書きであるが、それぞれの辞典によって発源地や数値に多少のちがいがあるが本州第一の長流である。

国鉄信越線の豊野駅と上越線の越後川口を結ぶ飯山線のほぼ中央にある森宮野原駅から五分ほど歩くと、国道一一七号線の路傍に「信越国境」の碑が見られるが、ここが長野県下水内郡栄村と新潟県中魚沼郡津南町との境界であり、千曲川が信濃川と名を変えるところでもある。ここから蜒々一五三キロ日本海までの流れがつづくわけだが、県境を越えても、しばらくは「ちくま」「大川」の名で親しまれていて、いまも時おり耳にすることができる。

善光寺平では一キロもあるという川幅が、県境近くなると急に両岸がせまり、深い峡谷を蛇行する急流となり、約三〇キロほどつづくが、この地形も古く洪積世の中ごろまでは広い平野であって、そこを大きく蛇行して流れていたといわれている。その後土地の隆起運動が起こり、地盤の上昇がつづいたため、川の位置は移動し、いまのようにせまい谷へはまっていったのである。

この付近は、中津川・清津川などの合流地点でもあるので、これらの流れとも関連して流路が変わり、川床の移動も大きく、そのたびに川底の浸食と土砂の堆積がくりかえされ、広い範囲に河岸段丘をつくり出しているが、階段状をなす段丘はみごとであり、しかもそれが流路の移動を物語っている。

縄文の昔

信濃川の沿岸には古代の遺跡が広く分布しているが、この県境の段丘上にはことに多く、縄文期の遺跡に至っては無数といえるほどである。昭和一一年長岡市の馬高遺跡で発掘された火焔土器は、その豪華さから縄文時代を代表する土器として世界的に知られているが、最近の土地開発に伴う緊急発掘調査によって、津南町の沖ノ原及び下流の中里村（現・十日町市）の森上遺跡からも全く同形のものが数例出土した。信濃川を通じての文化交流が古くから行なわれていたことがわかる。このことは、土器に付属して出土する石鏃に用いられた黒耀石が、長野県の和田峠から運ばれたとされていることからもうなずけることである。遺跡については、津南町の神山・貝坂で無土器時代のものが発掘されており、中里村の田沢遺跡からは、日本最古の土器といわれる隆線文土器が出土している。また十日町市の馬場上遺跡では、この地域にきわめて少ないとされていた弥生時代の集落跡が昭和四九年発見されている。

火焔土器（沖ノ原遺跡出土）

山深い豪雪のこの地になぜ多くの遺跡があり、人びとが住んだのか不思議とも思えるが、自然採取を主とした生活の当時にあっては、山の幸、川の幸に恵まれた平和な里であったのだろうか。暴れ川の信濃川、雪地獄といわれる豪雪、それの与えたものは決して恐怖だけではなかった。

信濃川は、この地域を抜けると流れはゆるく川幅は広くなって、大きくうねりながら越後川口駅付近で最大の支流、魚野川を合わせ、長岡市へ流れて越後平野をうるおす。

越後平野は、面積二〇七〇平方キロ、関東平野に次ぐ広さで、収穫される米は五〇万トン、日本の穀倉地帯である。この平野もきわめて古い時代には海であったという。沖積世に氷河がとけ出すと海水面が上がり、わずかに顔を出していた陸地も海中に没してしまったが、その後信濃川が運ぶ土砂によって徐々に平野がかたちづくられたものであるという。ここに人びとが定着し、稲作をはじめたのは約二〇〇〇年前のことで、日本に稲作が伝わって、更に一〇〇年ほど遅れてのことであるといわれている。

信濃川が運んで来た土砂によって自然につくられたこの平野は、一般的に河床が高く、川が耕地面より高い所を流れる場合も多い。長岡から新潟まで約八〇キロの河道距離があるが、その比高はわずか二〇メートルにすぎない。土砂の堆積の遅れた下流地域は、湿地というよりも沼地に近いところも多くあった。田そのものが水中に浮かぶ、浮き田や浮き谷内《やち》などが実際にあったのである。これは堆積物から発生する天然ガスの影響もあったようだが、マコモやアシなど泥の上に生える草の上に土を置いて作られた田で、事実、干拓の一つの方法として、ガッポ（マコモ）植えによって土地造成をはかったもので増水すると田の浮くことがあった。このような田は浅くて尻まで、深ければ乳までもぐって底に届かず、三間の竿がすっぽりともぐったという。

洪水

こうした地形だから少し長雨が降って増水すると洪水となった。昭和二八年発行の「旧信濃川河状調査報告書」によると、慶長五年（一六〇〇）から昭和二四年までの三五〇年間に、大洪水が九四回をかぞえている。中でも宝暦七年（一七五七）と明治二九年の「横田切れ」は、いまの分水町横田（現・燕市横田）の

蛇行する信濃川

堤防が三〇〇メートルにわたって崩れ、その下流の家や田は濁流に流されて惨状を極めた。「時は宝暦丁の丑（ひのとのうし）よ、ころは五月の大水騒ぎ、見るも恐ろし語るも笑止（中略）軒の下まで波うちかけて（中略）ともに弱りし貧乏者は、乞食するのもかねての覚悟《かくご》……」いまに残る「横田切れ口説」の一節である。くりかえされる洪水から必死に身を守り土地を守るために、不死鳥のように立ち上がっては堰《せき》を切り、堤防を築いた。

　この問題が決定的な解決をみたのは、信濃川の水を途中で分けて、寺泊の海へ流す大河津分水の完成であった。このことが、農民の間から叫ばれ出したのは、享保年間（一七一六―三六）からのことであり、幕府への請願は、安永五年（一七七六）以来つづけられていたのだが、実現には二〇〇年の年月を費やしたのである。一応の完成をみて通水したのは大正一一年八月二五日のことであった。こうしたおおみず（洪水）による被害は、下流の越後平野においてだけではなく、中流の魚沼地方沿岸でもくり返された。田を流し、家

を流し、橋の流失も年々のことで、信濃川によって多くの恩恵を受ける半面、洪水のために常に大きな犠牲をはらわなくてはならなかった。

信濃川の河口に開かれた新潟港は、昭和四四年新潟東港の開港もあって、いま日本海側唯一の特定重要港として国際港への地歩を固めつつあるが、この港が正式に開港したのは明治元年のことであった。しかし、この河口は水深が深かったので早くから港として利用され、古代にあっては、エゾ地方統治の前進基地として、また朝廷への貢物、江戸幕府への年貢米の積出港として、重要な役割を果たしてきたのである。

川船

新潟港までの物資輸送には、すべて川船が利用されていた。上流の県境は地形上船が運行できなかったので、十日町の少し上流あたりが船の上限であったようだ。年貢米の搬出はもちろんだが、この地域で生産された物資を新潟、長岡方面へ運び、必要物資を搬入するという大きな役割があった。長岡には、明治維新直前まで長岡舟道《ふなどう》という大きな組織があって、新潟—長岡間の水運を独占していて、これからあがる莫大な利益が、長岡町や藩の財源を大きく支えていたことからも、川船が交通運輸上いかに重要であったかが知られる。川船は、下りには流れを利用できたが、帰りには流れに逆らいながら川岸を歩いて引きもどすことになるので、なみたいていの作業ではなかった。

川の人生

船はまた、日常的に川漁にも用いたし、越後平野では水路を利用して稲刈や田植時の苗の運搬にも使われた。それにも増して必要であったのは、渡船である。川の西側と東側は、川ひとすじの距離なのだが、意外に遠い。架けては流される橋よりも、水上に浮かぶ船はより安全な交通機関であった。明治の中ごろまで、県境から三〇キロほどの間に一六カ所の渡船場があった。船とは別に木材を輸送するために筏流しがあった。中津川や清津川の奥地で伐り出した木材は、丸木のまま川水を利用して信濃川まで流し、合流するところで藤づるで結束して筏に組む。長岡までこうして運ぶのだが、河原から手ごろの漬物石を積んでいって売ったり、時には客を乗せることもあって筏師の余禄としたようだ。筏流しは支流の木流しとともに、明治末から大正年間に途絶えている。

信州千曲川の川船は、松代あたりから県境に近い西大滝まででであった。越後からの物資も多く運んでいたので、文政のころ船を県境を越えて通過させようと計画したことがあったが、遂に実現できなかった。そのため、この区間は陸路輸送によらなくてはならなかった。

当時の道路は現在の国道一一七号線の前身である善光寺街道であった。善光寺街道は市川道ともよばれていたが、越後の小千谷から長野へ通じる道で川の東と西にそれぞれあった。県境付近は嶮岨な山路ではあったが交通量は多く、津南町芦ケ崎部落には当時の宿場の名残りを屋号などにとどめている。善光寺街道は善光寺参拝の参道としての意味もあろうが、経済的に、また時には軍略道路として重要視されていたようである。

善光寺街道に立つ地蔵様

信濃川は、人びとに恐れられもしたが、産業経済活動を沿岸に生み育てるとともに直接川の幸を住民に与えてもくれた。大正から昭和にかけて発電所が各所にできるようになるまでは、この川は支流も含めてサケ・マスの宝庫であった。魚沼地方はもちろんのことだが、産卵のためにさかのぼるサケ・マスは遠く上流の松本市あたりにも及んだというし、中津川の奥、秘境といわれる秋山郷でも「手づかみで捕ってカマスに入れて帰った」「山を越えて草津まで売りに行った」などと老人たちの語りぐさになっている。発電所のダムや砂防堰堤は魚道をさえぎってしまったのである。更に、最近の工場廃水による汚染は魚の絶滅の危惧さえいだかせる。母なる川といわれてきた信濃川のこれからのありかたが、この地域一帯の運命を決するものであることを考えておきたい。

七　関東の川

中禅寺湖
渡良瀬川
渋川
烏川
倉賀野
水戸
那珂湊
古河
霞ヶ浦
北浦
関宿
水海道
江戸川
取手
利根川
小河内ダム
青梅
松戸
成田
銚子
多摩川
府中
相模湖
津久井湖
六郷
厚木
平塚
茅ヶ崎
山中湖
相模川（馬入川）

1　相模川

川と町

相模川はその水源を富士山麓に発し、東流して桂川となり神奈川県に入って相模川となる。そして津久井郡津久井町（現・相模原市津久井町）付近で相模湖にそそいでいる。相模湖は水資源確保のために造られた多目的ダムであり、さらに相模湖に続いて城山ダムがあって津久井湖となっている。支流の道志川、串川が津久井湖にそそいでいる。

相模川の上流から津久井郡城山町（現・相模原市城山町）にかけて河岸段丘が発達し、集落は段丘上にある。相模湖の北縁に沿っては、甲州街道があり、江戸時代には交通上、軍事上の要衝の地であった。明治初年までは鼠坂《ねんざか》、奥畑、荒川に関所があり、相模川を往来する船の取締りをした。荒川は津久井湖の湖底に水没しているが、昔はここに五分之一運上金を徴収する番所があり、後まで荒川番所といわれた。

荒川まで屈曲してきた相模川は、この辺からほぼ一直線に南下して河口に達する。そのため、相模川は甲信地方と江戸とを結ぶ輸送路として、鉄道が開通するまで利用された。

相模川の中流に位置する厚木は矢倉沢往還の宿場町であり、川船による物資輸送の中継基地として繁栄した。天保二年（一八三一）、厚木まで旅行した渡辺華山は、その著『游相日記』の中で、厚木の盛んな所以は相模川の船便と道路のためである。相模川は河口で須賀浦（平塚市）と柳島（茅ヶ崎市）に達し、津久井、丹沢の諸山から出す薪炭は、厚木の豪商が買って須賀へ出し、須賀から船に載せて海路江戸へ送る。塩と干鰯とは相模湾はもちろん、房総方面からももってきて厚木で販売する。これをまた甲州の山中に輸送する。厚木では衣類・金物・日用品、なんでも無いものはない、と述べている。

河口の須賀は昔の面影が残っていないが、かってはたいへん栄えたところで、「大山千軒、須賀千軒」といわれた。大山は相模国の霊山大山があるところで、大山信仰の盛んなころは、関東一円からの参拝者が多く門前町を形成していたところで、須賀と大山が人口の多い町としてうたわれていた。千軒は人家が多いということである。須賀には廻船問屋と商人の家が軒を並べ、須賀で川船から荷物を千石船に積みかえ、江戸へ輸送したのである。対岸の柳島にも廻船問屋があった。現在残っている柳島の廻船問屋の家には、江戸時代に用いたという筏流しの鳶口が残っており、相模川から流してきた筏の貯木場でもあった。現在柳島は大正の大震災のとき地盤が隆起し、かつての地形は残っていない。

津久井の炭焼がま

水運

相模川が輸送に使われたのは、甲州街道を利用して八王子から江戸まで陸路輸送するより、船を用いた方が多量に物資が送れる上に、運賃も安上がりだったためである。八王子の織物も津久井郡城山町の久保沢まで小荷駄で運び、須賀から千石船で江戸へ送ったという。しかし相模川の輸送は主として物資であり、人は陸路を歩いていた。それは、上流は屈曲した流れが山間を縫うように

ザルの行商

流れ、嶮岨であったためである。厚木から須賀にかけては平坦になるが、この辺でも陸路を歩いていた。明治末年には、平塚と厚木との間に馬車や人力車が通じ、またそれが東海道線と結ぶようになる。

　厚木は後背地に豊かな農産物の生産地を控えているので、肥料問屋があって、川船でくる干鰯をさばいていた。須賀からも問屋が出張してきて、厚木と須賀の問屋が、一時売り込みの競争をした。そのころの農家は、厚木や須賀の問屋まで肥料を受取りに荷車をひいていったという。

　須賀の漁師が行商に行くときは、もっぱら陸路を利用して津久井、愛甲方面へ出た。朝早く天秤をかついで相模川沿いに歩いていった。中流の厚木・海老名には朝、鮮魚を届け、急いで帰って、昼また届けた。これをオッカケといった。

　相模川が船による人の交通に使われたのは、中流の付近でまれにあったというくらいで、他の県のように人の輸送にまでは利用されなかった。

川船と筏

　相模川の往来に使われた船は、上流から厚木までは高瀬船、下流は平田船が使われたというが、高瀬船も須賀まで下ったらしい。船の大きさは両方とも大して違わなかったというが、高瀬船の方が平田船より大きく、水深も深かったという。船の長さは高瀬船が七間とも九間ともいい、平田船は六間を少し上回るくらいであった。

高瀬船はミヨシのあたりに円い穴があいていた。これは背張《せばり》棒を通す穴であった。相模川は上流の方は流れが屈曲しており、またそのあたりに浅瀬があるので、高瀬船に曳綱をつけて川を遡るときは、この穴に四間くらいの長さの背張棒を通して、船が岸へ寄らないように押していった。こうしていくと河口の須賀から荒川まで三日かかったといい、南風が吹いて帆をあげて走ると三時間くらいで荒川に着いたという。高瀬船が往来したのは昭和初年くらいまでであった。

高瀬船と平田船との相違点は、ミヨシにあけられた円い穴にあるという説もあるが、平田船にも円い穴があいていたらしい。高瀬船が平田船より早く姿を消したのは、造船技術が平田船より複雑で、建造費が高くついたためだという。

船の帆は高瀬船も平田船も変わりがなく風切り窓があけてあった。相模川の船の帆は格別に大きかったという。文献と伝承とで差があるが、土地の住民によると高瀬船と平田船は違いがあったようである。

筏流しはダムができる前まで行なわれた。筏師のことをイカダフとよんでいるが、筏師はもと荒川にまとまって住んでいた。そして、津久井湖ができるとき相模原へ集団移住した。

筏は山梨や津久井の山々から伐り出した木を相模川へ落とし、それを沼本で筏に組んだ。材木は藤蔓でつなぎ、沼本から荒川までは川筋が急曲がりなので、筏の前後に舵をつけ、二人で操って下った。荒川で三枚つながった大型の筏に組みかえ、筏師も交替し、荒川から下流へは一人の筏師が操った。荒川での筏の組み替えに一日かかり、翌日、平塚までは一日ないし三日かかって下った。須賀に着くと筏師は歩いて帰った。自転車が流行しても荒川は川筋が急なため、利用できなかったという。筏の荷上げは須賀のほか、厚木・柳島があった。

筏は一〇月から翌年の五、六月までの仕事で、夏は鮎漁の方がよいので、筏に乗るものはなかった。当時畑仕事の人夫賃が一日四〇銭のとき、一円五〇銭から二円だったので、竿一本で三石免の暮らしができるといわれた。

投網(鮎)

鮎かつぎ

相模川はダムができるまでは鮎の名産地であり、鵜飼なども行なわれていた。鮎は生きたまま呑みこむと、独特の香りがしてうまいといい、それほど鮎と人とのかかわりが深かった。

鮎は鉄道ができるまでは江戸（東京）の問屋にかついで陸送した。これをアユカツギという。鮎を入れるかごをアユカゴともエドカゴともいい、これに鮎をつめて、アユカゴを何枚も重ねたものを天秤にかついで運んだ。アユカゴをエドカゴというのは江戸へ運んだためである。アユカゴには付木に問屋の名前を書いて、これを荷札とした。アユカツギは夜通しかついでいく一人旅なので、狐やむじなに化かされることが多く、そのため付木をかごの前後にさしていった。これは、付木には硫黄がぬってあるので、狐やむじなは硫黄の匂いを嫌ったためだという。

鮎はたいへん儲かるものであり、漁期に働けば一年中暮らしていけた。鮎の問屋と漁師の関係は、親子のようなものだといい、漁師が病気をすると、治療費は問屋が出してくれたという。

問屋は東京の四谷にあり、小田原屋・伝馬屋・蔦《つた》屋・あい屋・村田屋・和泉屋などがあった。また日本橋の西角《にしかく》・魚河岸へも送った。

鮎を運ぶとき、鮎かつぎ唄をうたった。この唄をうたわないと鮎の色が悪くなるといった。その鮎かつぎの唄の中に、

多摩川飛んで　新宿に入りゃ　四谷の蔦屋　一息だ

というのがあるが、夜道をかけて鮎かつぎが鮎を運んだ情景が目に浮かぶようである。

2　多摩川

小河内ダムと玉川上水

甲斐国笠取山（一九四一メートル）、甲武信岳と雲取山の中間にある山、その山腹から湧き出る清水を源にする小さな流れ、それが多摩川の源流である。この清水のほとりには、小さな水神の祠が祀られている。

この小さな流れが、甲武の境にそびえる連山の水をあつめて丹波《たば》川となり、大菩薩の嶺から流れ下る小菅川をあわせて深い渓谷をつくっていた。ここには大きなダムが築かれていて、奥多摩湖となづけられている。昭和一三年に工を起こし、戦争による中断をはさみ、昭和三二年に完成した小河内ダムである。総貯水量一億八〇〇〇万立方メートル、東京の水を賄うに充分な規模をもつと考えられた量であったが、東京の膨張は、はるかにその予想を上回って早かった。しかし、最も大事な水源のひとつであることには変わりない。

多摩川は奥多摩湖の下流で日原《にっぱら》川の水をあつめ、奥多摩の山地を深くえぐつて、数馬《かずま》・鳩ノ巣などの渓谷をつくり、御嶽《みたけ》山の裾をまわって、青梅から武蔵野台地に出る。そこに羽村の堰がある。玉川上水の取入口である。

玉川上水は江戸の水源として開鑿された。

羽村から四谷大木戸まで四二キロ、承応二年（一六五三）四月に工を起こし、一一月に完成したという。

慶長八年（一六〇三）江戸開府以来、急激に増加する江戸の町に飲料水を供給するためのものであったが、一〇〇万都市にふくれあがった江戸の飲み水を引き受けるに充分な規模をもっていた。それだけでなく、その途中で野火止用水・千川上水・三田上水・青山上水などを分水して、武蔵野台地の村々をもうるおしている。

玉川上水の取入口（現在）

武蔵野台地は水のとぼしいところで、原野のままに残されたところが多かったのだが、玉川上水の水をひくことによって、広範な新田開発が行なわれ、多くの新田村ができた。

玉川上水は、江戸のいのち水として開鑿されたものであったが、武蔵野をも人の住む場としてよみがえらせる力をもっていた。

多摩川の水は、武蔵野に住む人にとって欠くことのできないものであった。

武蔵野台地の古い集落は、かつて多摩川の氾濫原であったと思われる沖積低地と台地の境にある崖線に沿ってみられる。府中や国分寺のあたりでは、崖をハケという古いことばでよんでいるが、古い村はハケ上にあるのが多いのである。台地の上はきわめて水にとぼしかったが、ハケには清水の湧くところが多かったから、人が住むことができたのである。

府中が早くひらけて武蔵の国府が置かれたのも、そこに多摩川があったことに深くかかわっているのだろう。

筏流し

青梅を中心とする奥多摩の山々は、みごとにスギの植林が行なわれて、青梅林業とよばれる林業地帯を形成しているが、古くこのあたりは杣保とよばれていた。良材が多く、杣仕事を主要な生業とする山の民が多くいたのであろう。武蔵国府や国分寺の建設には、杣保で生産された木材が多く使われたことであろう。その木材は、多摩川の流れを利用して運ばれたはずである。近世、この山地の木材は江戸に運ばれ、江戸の町の建設に多く使われることになった。

奥多摩の山地で伐採された材木は、多摩川を、筏に組んで流した。支流や上流の、川幅も小さく水量も少ないところでは、管流しによって沢井の土場まで流し、沢井で小型の山筏に組んで、青梅の千カ瀬までながす。千カ瀬でまた川下げ筏に組みなおして、河口の六郷まで流したのである。川下げ筏は山筏二・七枚を一枚にしたもので、長さ一四〇尺が標準であったという。千カ瀬から六郷まで順調にいくと四日で着くが、往復七日というのがきまりになっていた。途中、羽村か拝島・府中・五宿（調布）・二子玉川などに泊っていた。これらのところには筏乗りを泊める筏宿があった。筏乗りは血気さかんなものが多かったから、府中や五宿・六郷などにあった女郎屋にあがって散財をし、財布を空にして帰ることもままあったという。筏は六郷で材木商にひきわたし、六郷からは船で深川に廻送した。筏四枚で船一艘分としたも

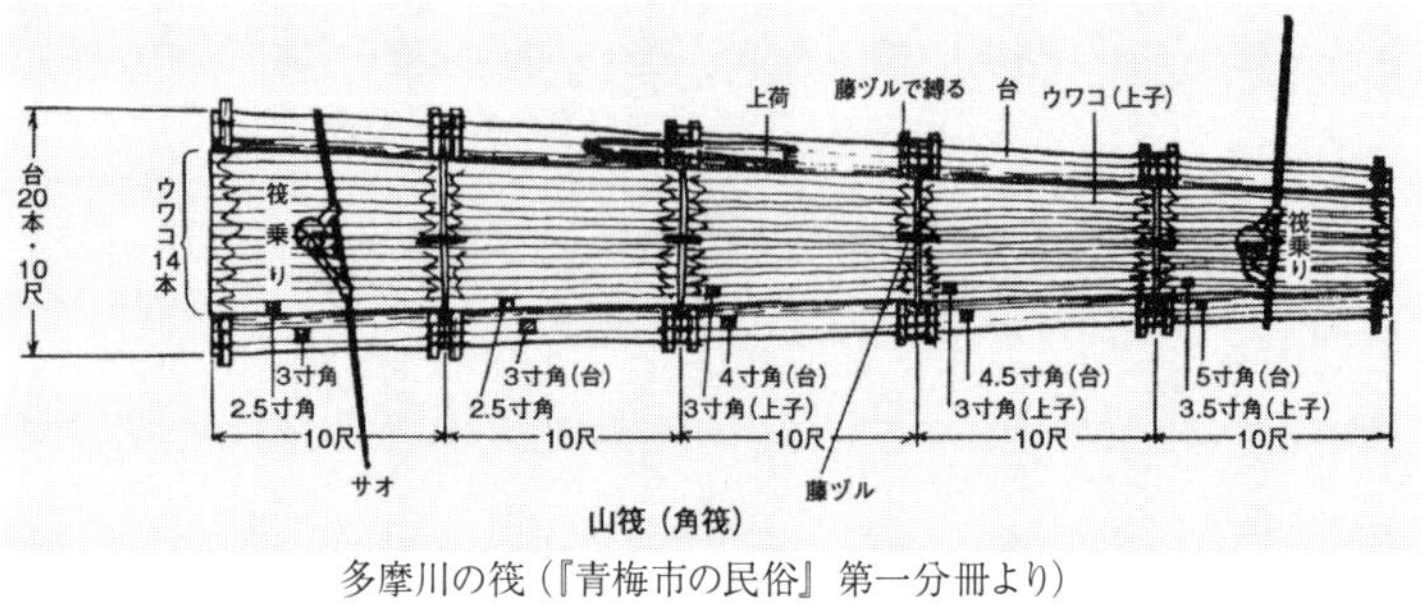

多摩川の筏（『青梅市の民俗』第一分冊より）

のだった。

帰りは六郷から筏道を歩いて帰った。朝六時に六郷をたち、五時間で立川についていたという。筏道というのは筏乗りが主に通った川原沿いの近道で、六郷から登戸にでて、多摩川をわたり、府中の八丁カ原を斜めにつっきって立川にでる道であった。いま府中のあたりに筏道が残っている。

筏流しは昭和のはじめ、トラック輸送にかわってすたれてしまった。

鵜飼

近ごろの多摩川はよごれてしまって、中流以下では魚の影をみることすらできなくなっているが、もとはきれいな水の流れる川であった。そして、その川水を利用して布を洗いさらしたもので、その布を調として朝廷に納めていたことで古くから有名であった。それにちなんで調布という地名が残され、村名や市の名として使われている。

多摩川の鵜飼（『江戸名所図会』より）

水が美しく澄んで豊富であったから、アユ・イダ・コイ・ウナギなどが多く、上流にはマス・イワナ・ヤマメなどもたくさんいて、川漁もさかんであった。特にアユが有名で、この川のアユは、相模川のアユなどにくらべると形もよく味もよいので、毎年御菜鮎として幕府に上納していた。御菜鮎にするのは五寸ほどの形のよくととのったもので、疵つけないように網でとったものを上納していたという。鵜飼も府中から日野あたりでは行なわれていたが、鵜飼でとったものはくちばしで疵がつくことが多く、貴人の料理には用いなかったし、値段も少し安かったと『武蔵名勝図会』には書かれている。多摩川の鵜飼は、長良川などのように鵜飼船を使ってとる方法ではなく、鵜匠が膝まで水にはいって鵜を使ういわゆる徒鵜《かちう》であった。大正初年まで多摩川の鵜飼は、府中や立川・日野あたりの川原でさかんに行なわれ、遊興にくる都人の目をたのしませていたが、そのころから、しだいに工場廃水などによる下流地帯の汚れが目立つようになり、アユの遡上は少なくなり、いまは放流アユによるものばかりになっている。その放流アユすら、かつてアユ漁がさかんに行なわれていた府中や立川あたりでは不可能になるほど、川は汚れてしまっている。

美しく豊かな流れによって、はかり知れぬほどのめぐみをあたえてきた多摩川であったが、その川がいま人の手によって汚され、死の川になってしまっている。

3　利根川

関東の大動脈

源流を上越国境の大水上山（一八五〇メートル）に発して赤谷川《あかたに》・片品川《かたしな》をあわせて南流、赤城山と子持山の山峡の谷をつくって関東平野に姿をあらわし、南東に方向を転じて吾妻川《あがつま》・碓氷川《うすい》・鏑川《かぶら》・烏川《からす》・神流川《かんな》・渡良瀬川《わたらせ》をあわせ、関宿《せきやど》で江戸川をわかち、鬼怒川《きぬ》・小貝川《こがい》をあわせて銚子で太平洋にそそぐ。本流の全長三二二キロ、水系は群馬・埼玉・栃木・千葉・茨城・東京の一都五県にわたっている。その水系上流の水力発電・上水道・工場用水の利用・灌漑・漁業などを考えると、利根川こそまさに坂東太郎の名にふさわしい。そしてこの水系は、鉄道や自動車が発達するまでは、関東の大動脈として、この地方の産業経済をささえてきた。

むかし、利根川は前橋あたりでいくつかの派川にわかれ、さらに川俣あたりで会の川（北流・南流）その他にわかれ、流水の大部分は会の川となって南下、荒川と合流して隅田川となり、入間川をあわせて品川湾（東京湾）にそそいでいた。

島川《しま》は川俣で利根川から分流してのち、いまは権現堂から権現堂川と名をかえて江戸川と平行して南下、松戸で合流するが、中世には会の川や常陸川に通ずる川で、その川筋の八甫《はっぽう》（鷲宮町）は北関東諸地域に通ずる要津であった。

江戸川分流地点水門付近

足尾山地に発する渡良瀬川も太日川《おおび》―江戸川となって東京湾に流入していた。慶長五年（一六〇〇）、会津の上杉景勝を討つため小山の陣営にあった徳川家康は、石田三成が挙兵すると船で渡良瀬川を江戸へ帰った。

鬼怒川（毛野川）と小貝川は水海道《みつかいどう》あたりで合流、竜ケ崎の南で広川（常陸川）をあわせて銚子にそそいでいたが、寛永一二年（一六三五）小貝・鬼怒を分離した。

利根川が東へ流域をかえたそもそものはじめは、文禄三年（一五九四）忍《おし》（行田）の城主松平忠吉（家康の四男）が、忍領の水害を防ぐため会の川筋を川俣でしめきり、分流の浅間川筋から古利根川へ流したのにはじまる。ついで、関東郡代伊奈忠治が新川道をひらいて渡良瀬川に合流させた。水源よりその合流する栗橋のあたりまでを上利根という。さらに川妻村（五霞村、現・猿島郡五霞町）の権現堂川分岐点から赤堀川をひらいて、鬼怒川の支流常陸川につなぐとともに、関宿から水路をひらき、金杉村（松伏町）で渡良瀬川の下流太日川に合流させた。これが江戸川である。

利根川が現在の流路となったのは、承応三年（一六五四）忠治の子忠克が、赤堀川の幅七間を一七間（四九メートル）に、深さ一丈八尺だったのを二丈九尺（九メートル）に掘りさげてからであり、そしてこれは関東における水上交通路の完成を意味した。赤堀川から下流、鬼怒川の合流するところまでを中利根といい、これから下流を下利根という。

元和二年（一六一六）幕府は交通と軍事上から、利根川・渡良瀬川・江戸川の河岸のうち、とくに一六の河岸を定船場《じょうせんば》に指定した。白井渡・廐橋・五料・一本木・葛和田・河（川）俣・古河・房川渡・栗橋・七里ケ渡・関宿之内大船渡境・府川・神崎・小見川・松戸・市川がそれである。いまの中利根・下利根の河岸におよんでいないのは、鬼怒川の合流点までの瀬替えが行なわれていなかったからである。

江戸が人口一〇〇万人、世界一の大都市にふくれあがると消費も増大した。領主の廻米はじめ、麦・大豆・小豆・たばこ・荒物・洒・醤油・大麻・木材・杉皮・竹・柿渋・薪炭・鹿皮・鋼・石灰・硫黄・生糸・織物など、関東・東北・信越各地の産物を、利根船運をもって江戸へ送りこむとともに、帰り船に塩・藍・太物・瀬戸物・菜種・小間物や干鰯《ほしか》・〆粕《しめかす》・糠などの肥料類など、上り荷を積んで各地にもたらした。干鰯・〆粕などは銚子からのものである。

関東や陸奥の天領（幕府の直轄領）や旗本領からの年貢米や大名の廻米はもちろん、裏日本から津軽海峡を通って江戸に達する東廻り航路がひらかれてからは、米沢藩・秋田藩などもこの航路を利用した。はじめ鹿島灘の難所をさけて、常陸国の那珂湊に入り那珂川をさかのぼって涸沼《ひぬま》に出、対岸の海老沢に陸揚げして馬背を利用、一〇キロの陸路を巴川の紅葉河岸か下吉影河岸にいたり、川船に積みかえて北浦へ出るか、涸沼の宮ケ崎まで陸路を駄送して北浦へ出、北浦より高瀬船を利用して潮来を経て利根川に入った。

このコースは、水戸藩領常陸北部や下野の黒羽藩など、那珂川や久慈川上流地方の物産の輸送にも利用され、久慈川と那珂川も下流は運河でつながれた。那珂川遡行終点の黒羽河岸は水戸まで二日の行程である。明暦元年（一六五五）にひらかれ、寛文一〇年（一六七〇）ごろ鹿島灘を無事通過することができるようになると、銚子から利根川を関宿までさかのぼり、江戸川を下る輸送路の利用が多くなったが、那珂川上流地方の物資の輸送にはやはり欠くことのできないコースであった。

宝永三年（一七〇六）水戸藩に招かれた浪人松波勘十郎は、涸沼湖岸の海老沢から巴川の紅葉河岸にいたる運河をひらき、帆役銭の増収をはかろうとした。水戸藩ではこの運河を寛文八年（一六六八）にも計画して失敗している。このため藩内の反対も多かった。松波は強引に実施したが成功せず、その上農民を酷使、誅求したため、ついに農民一揆がおこり、松波父子は捕えられ獄死した。

時代はずっと下って、明治中期に利根運河が開かれた。江戸川と利根川にはさまれた細長い三角地帯の船戸と深井新田を結びつける八キロほどの運河である。いまは廃水路となってしまったが、最盛期には年間三万七〇〇〇艘の船が通ったという。天明三年（一七八三）浅間山の大噴火以来、江戸川の分流点付近は土砂が堆積して、小船に荷物をうつし船足を軽くして、その浅瀬を通り抜けねばならなくなっていた。利根運河はこれをさけるから、船戸より東京まで三日間の航路が一日の航路となる。「すでに鉄道の時代にはいっているいま、いまさら運河どころではない」との反対も強かったが、広瀬誠一郎・人見寧・色川誠一の奔走がみのって、やっと「利根運河株式会社」が発足、ついに明治二三年三月二五日通船をみるにいたった。時の人はこの三名を「運河の三狂」とよんでいる。

河岸と高瀬船

赤松宗旦は『利根川図志』に、

利根川に在ては専航船《たかせぶね》（高瀬船）を用ふ。（中略）米五六百俵（毎俵四斗二升）を積む者常なり。舟子四人を以てす。その大なる者は八九百俵を積む。舟子六人を以てす。百俵積以下をバウテウ（中略）といふ。急事の備なり。舟子一人を以てす（中略）

とのべている。米を銚子や潮来で積みかえて江戸に向かう船には、高瀬船のほか艜船《ひらうちぶね》・艀《はしけ》などとよばれる一〇俵~五〇俵積みの小舟があった。那珂川・鬼怒川でつかった小鵜飼船もうずま川の都賀船も同じようなものである。邑楽郡大久保村（板倉町大箇野）の高瀬氏が、利根川ではじめて高瀬船を通したことから、その苗字を称したとつたえている。

銚子口より関宿に上り、それより江戸に下るのを利根の直船《じきぶね》といった。小貝川から下るのは竹筏が多くて水路の妨げとなるので、船人はこれを川盗みといってきらった。

船は櫓・棹・帆などで川をのぼれないところは人足が綱で船を曳いた。「棹が三年、櫓が三月」といって、棹の扱い方に習熟するには三年かかったという。江戸川を下った船は、行徳からいったん海に出て隅田川をさかのぼるか、江戸川の船堀から中川放水路をわたって小名木川へ入った。小名木川は古利根の下流の名である。筏は後者によった。筏が中川を横切るときは引き潮がおわって満潮にかわるときをねらった。このときは流れがやむからであるが、川底が深くて棹がとどかないから、前から勢いをつけて棹を使わずに渡る工夫が必要だった。

銚子より二〇里余水路をさかのぼったところに、布川・布佐・木下などの大きな河岸がある。布佐は布川に対してその南岸にある。銚子より船で送って来た魚を冬はこの布佐におろして、馬で松戸を経て江戸に送り、夏は活船《いけぶね》といって船の中にいけすを設備した早船で関宿をまわり江戸川を下った。松尾芭蕉は貞享四年（一六八七）八月鹿島で月見をしようと、門人の曾良・宗波を伴って深川の芭蕉庵の門口から船に乗って行徳に上陸、小金ケ原を歩いて夕暮れ布佐に至り、夜船を出して鹿島に着いている。木下河岸《きおろしがし》は一七世紀中ごろから旅人の行楽のための船を出した。木下茶船という。鹿島・香取・息栖《いきす》の三社に詣でたり、銚子に遊覧するものによってにぎわった。

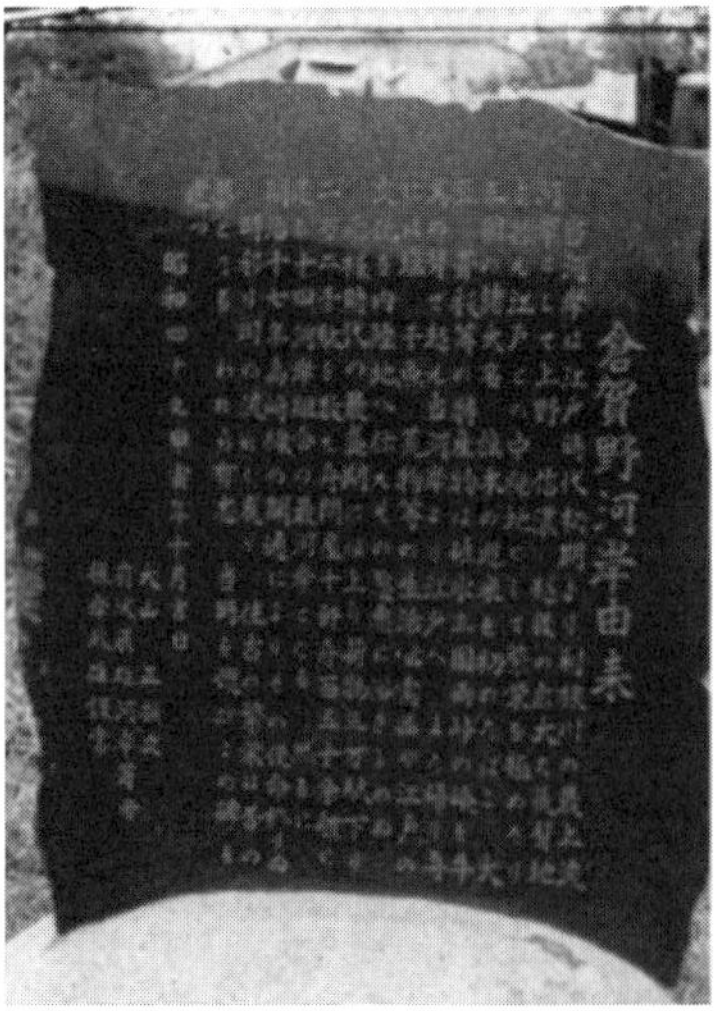

倉賀野河岸由来碑

鬼怒川遡行終点の阿久津河岸は慶長一五年（一六一〇）にひらかれ、奥州南部との物資交流の要地だった。下流には板戸河岸はじめ久保田・宗道・水海道など三〇余カ所の河岸があり、宗道や水海道などは毎日一〇〇艘余りの船が出入りしていた。

渡良瀬川支流のうずま川遡行終点の栃木河岸へ、曳き綱によって遡ってくる船を都賀船という。部屋河岸で高瀬船に積みかえたが、会津方面と江戸との物資の流通に重要な役割を果たした。

思川の下流の乙女河岸は、日光廟建築用材を水揚げした。遡行終点には黒川河岸がある。渡良瀬川の支流秋山川には越名・馬門河岸があり、渡良瀬川の終点は猿《やえん》田《だ》河岸である。

上利根の本流だけでも四八河岸あった。五〇〇俵積みの船は、広瀬川との合流点の平塚・中瀬の両河岸までさかのぼり、利根川水運の終点鳥川の倉賀野河岸までは三〇〇俵積の船がさかのぼった。中山道の宿駅であるとともに、日光例幣使街道の起点でもあることとて、上野・信濃・越後などと江戸との中継地として栄えた。江戸と倉賀野は中山道三、四日の行程、舟運では一五日かかるが、運賃はおよそ四分の一ですんだ。元禄時代の最盛期には上り荷物三万駄、下り荷物二万二〇〇〇駄におよんだが、天明三年（一七八三）の浅間山噴火の結果、新田郡地先まで泥流をおこして大きな船はのぼれなくなってしまった。

平塚河岸は慶長一五年（一六一〇）足尾銅山が発見されると、幕府の御用銅の積出港として発達、とくにその最盛期の貞享二年（一六八五）には四〇万貫（一五〇〇〇トン）におよんだ。元禄のころからは銅の積出しは下流の前島河岸へうつり、さらに明治五年（一八七二）からは栃木河岸へうつった。

烏川と神流川の利根川合流点に近く、上野国には五料河岸があり、武蔵国には藤木・八町・三友などの河岸があった。八町河岸の下り荷の特別なものに幕府御用の砥石がある。最盛期には年産二万五〇〇〇余駄におよんだという。鏑川の終点は下仁田河岸である。広瀬川には広瀬河岸・伊勢崎河岸があったが、あまりふるわなかった。吾妻川は筏が多く、吾妻町（現・東吾妻町）・中之条町などで筏を組んだ。上利根川の筏は大正の終りごろまで、うずま川の筏は昭和二二年まで深川の木場へ送っていた。

やがて明治一〇年五月一日には、利根川に通運丸という蒸気船が登場した。外輪船《がいりんせん》あるいは外車船《がいしゃせん》とよばれ、中央に機関部があり、大きな蒸気エンジンを備え、両舷側の外車が回転して水を掻いて進む船である。上等は舳の方に、並等は艫の方にあった。両国橋の際から行徳・市川・松戸・流山・野田・関宿・境・古河・笹良橋へ通ずるようになり、やがて利根水系各地におよんだ。陸蒸気《おかじょうき》の汽車に対して川蒸気とよばれ、錦絵にも描かれているが、やがて信越・東北・総武・常磐線などの鉄道が敷かれると凋落の一途をたどった。

洪水と沿岸産業

昔から「坂東太郎は一日一人喰う」と恐れられていたほどで、どこかで水死事故があり、ときには渡船の転覆事故もあった。利根川はその支流まであわせれば、ほとんど四年に一度大洪水の被害をもたらしている。

利根川の河口を漁港としている銚子の漁夫たちの千人塚がその河口に存在する。これは海難にあった漁師たちの塚ではあるが、やはり利根川を象徴する一つといえよう。

水塚（みつか）の上に建てられた家

利根川と渡良瀬川にはさまれた邑楽郡の地方の農民たちは、高台に住むもの以外はみな水塚《みつか》の上に家をつくり、洪水のとき避難するための船を軒場や土間の上に吊るしていたし、また邑楽郡七四カ村のほとんどが、水難除けの長良神をまつっているが、この神社は部落を背にして川の方を向いて建っている。

寛保二年（一七四二）八月の利根川の洪水はもっとも被害が大きく、忍城・河越城・関宿城は大破、浅草・下谷辺で平地水の高さ一丈（三メートル余）に達した。このとき幕府は西国一〇藩に利根治水を命じた。なかでも長州藩はもっとも負担が大きく、藩士一七〇〇名を派し、人夫延べ一〇〇万余名を使っている。

明治になって足尾銅山の開発が進むにつれて、渡良瀬川の洪水が大きな被害を与えるようになり、やがてその毒水は江戸川を下り東京をおかすにいたった。これに驚いた政府は、谷中村の遊水池化とともに江戸川流頭の棒出し強化により、渡良瀬洪水の余波が江戸川へ及ぶことを防ぐとともに利根川の改修を行なって、現在のような利根川が完成した。

上州利根郡新治村（現・利根郡みなかみ町）出身の塩原太助の成功のかげには、平塚河岸や越名河岸から積み送った大量の薪炭があった。沿岸には銚子・野田・土浦・水海道などの醤油、流山のみりん、佐原・小見川・滑河・神崎・栃木の酒などの産業もおこった。

銚子・九十九里浜の鰯漁は、紀州の漁民が文禄元年（一五九二）出稼ぎに来てやがて定着、まかせ網・八手網など関西の先進漁法によって漁獲量をあげたものである。紀州農民の信仰する熊野神信仰は海のほとりを北上するとともに、川筋を上流へさかのぼって行った。

香取神・鹿島神・桜川の大杉神もこの水系をさかのぼった。下都賀郡地方では大杉ばやしがいまもさかんである。反対に下都賀郡の岩船地蔵は銚子の人びとの信仰をあつめ、出開帳も行なっている。諏訪神は川筋を下った神といえよう。天保水滸伝の舞台となったのも、利根の舟運によって各地のばくち打ちをあつめた笹川の諏訪神祭礼の花会であった。

成田不動尊も太田呑龍様も水運がもたらした繁昌だった。下都賀郡地方の人びとは、大正のおわりごろまで部屋河岸から川船を利用して成田詣でを行なっていた。

潮来出島の真菰の中に　アヤメ咲くとはしおらしや

の文句で親しまれている潮来節は、柳田国男によれば越後高田の北山民謡の影響という。関東各地に日野屋・釜屋など近江商人が発展しているが、やはり利根水運のとりもつゆかりである。

八　東北の川

十三湖
岩木川
五所川原
岩木山
弘前
大館
米代川
能代
仁鮒
鹿角
七時雨山
水源地
雄物川
秋田
角館
盛岡
大曲
横手
水沢
平泉
最上川
酒田
大石田
左沢
石巻
塩釜
仙台
北上川
山形
貞山堀
荒浜
米沢
福島
阿武隈川
二本松
猪苗代湖
安積疏水
須賀川
白河

1　阿武隈川

流路

阿武隈川は、白河市の西、福島県と栃木県との境に近い甲子峠付近から流れ出て、白河の東方で北に向かい、須賀川、郡山、二本松、福島などを経て宮城県の荒浜で海に入っている。流路も長く、流域には広々とした盆地がひらけていて、これらの盆地をうるおし、また盆地の動脈ともなっていたのである。しかし二本松から北、福島までの間は山が両岸にせまって峡谷をなし、急流が岩に激しているために、川船の通うことができなかった。そのため、川船のかようところは二本松から上流と、福島から下流とに分かれ、二本松と福島の間は断ちきられていた。大きな川で水量もあり、沿岸に繁華な町がひらけつつ、この川は交通路としてはそれほど大きな役割を果したとは言えなかった。とくに、この川はその大部分が南から北に向かって流れており、下流に向かうほど江戸に遠ざかることになる。当時東日本の中心は江戸であり、地方で生産される物資の多くは江戸に向かって輸送されていたからである。

しかし福島から下流は海に通じており、したがって江戸へも通じていて、大いに利用されたのである。福島から下流も、山が両岸にせまって急流をなすところはあったが、この方は船が上下することができた。そして角田から北は川も悠々として平地を流れた。平地に出ると全く大河という感じのする水量のゆたかな川であった。

米を運ぶ

阿武隈川も他の多くの川と同じように、その中流、特に急流をなしているところには、大きな岩がごろごろしていて船の通ることは困難であったが、寛文一一年（一六七一）、幕府は河村瑞軒に命じて大きな川浚えを行ない、船が川口から福島まで通うようにした。その前、寛文四年に、幕府は米沢の城主であった上杉氏の領地のうち伊達、信達の一一万石を削封して、天領（幕府領）にくり入れた。そして、桑折《こおり》と川俣に代官をおいて、そこでとりたてた米を江戸に送る計画をたてた。それには阿武隈川を使用しなければならない。

名取川の渡船

一方阿武隈川が利用できるということになると、米沢藩もこの川を利用して江戸へ米を送る計画をたてた。米沢藩は奥羽山脈の西側にあるから、奥羽山脈を越えて米を運ばねばならない。米沢盆地には米沢藩領のほかに天領もある。その天領は米沢藩があずかっていたが、そこの貢租米も阿武隈川を下すことにした。

それでは、米をどのようにして米沢から阿武隈川のほとりまで運んだかというに、馬の背に米をつけて、米沢領と仙台領の境にある二井宿峠をこえて東に下り、七ケ宿を経て、下戸沢、上戸沢、小坂をすぎ、桑折にいたったた。これは昔の羽州街道である。ただし、羽州街道は七ケ宿の奥から北へ金山峠をこえて羽前上ノ山に下るものであり、二井宿峠は金山峠の南方で別れて西方にあり、そこをこえて、高畠に下るものである。高畠の西は米沢藩領になる。

それでは、この川を利用してどれほどの米が送られたのであろうか。天領でとりたて江戸へ送る米を城米といったが、その城米が元禄一四年（一七〇一）には九万俵送られたという。石高にして四万石ほどであったろう。このほかに米沢藩や伊達藩の廻米もあるから、これに倍する米がこの川を下され、川口の荒浜から江戸その他に送られたものであろう。

荒浜は川口の港であるが、川口が東を向いており、その上流砂のために狭く、廻船が港に入ることが困難であったから、時に荷役のできないことが多かった。そういうとき、荷積みに来た船は松島湾の中にある寒風沢《さぶさわ》島へいった。そこは天領の島であった。

一方、川船は米を積んで貞山堀を松島湾までいって、そこから寒風沢にわたり、廻船に乗せたという。貞山堀というのは、荒浜の対岸から太平洋岸に沿うて砂丘の内側を松島湾まで掘りあげてつくった堀である。長さにしておよそ三、四〇キロにおよぶ。この堀は、はじめ荒浜から閖上《ゆりあげ》浜までの間が伊達政宗によって掘られ、これを木引堀といった。その後万治二年（一六五九）に、伊達綱村が塩釜から蒲生浜までを掘らしめ、塩釜と荒浜の間をつないだ。この堀は明治初年に改修浚渫が計画され、明治二二年に完成した。日本ではもっとも長い運河で、後の人が伊達政宗の諡号貞山公にちなんで、貞山堀というようになった。

さて、米沢盆地や信達の盆地から馬の背によって、福島または桑折に集められた米は、小鵜飼船という川船に積まれた。そして伊達藩領の沼上、水沢まで運ばれる。鵜飼船は米二〇駄ほどを積む。一駄は二俵半として勘定されたから、五〇俵ほどになる。沼上へつくと、そこでヒラタという船に積みかえる。これは長さ四四尺、幅八尺で、四四石積みであったというから、鵜飼船のほぼ二倍くらい積むことができる。その船によって荒浜まで運ぶので、この川筋には、宝永元年（一七〇四）にこのような船が一一三艘あったというが、寛政六年（一七九四）には四八艘に減っている。これは高瀬船がふえたからである。高瀬船は二〇石積みであったというから、鵜飼船とほぼおなじ位の大きさであると思うが、操作が楽である上に船速も早い。それでしだいにふえていって、幕末の頃には八四艘をかぞえた。

高瀬船は荷を流送するによかったが、同時に遡行してゆくのにヒラタのように水への抵抗がつよくないので、曳いてのぼっていくとき便利であった。

貞山堀

川を上下する荷物

川をくだされるのは米のみではなかった。紙や菜種や木綿や綿布・太物・瀬戸物などもあった。この中には、郡山や須賀川のあたりで生産された紙や菜種のようなものもあるが、木綿・太物・瀬戸物などは、上流地方で生産されたものではない。おそらく江戸の方から送られて来たものであろう。関東地方は河川の水運が発達していたので、江戸川、鬼怒川、那珂川などを利用して、その中流の烏山や黒羽まで送られ、そこから陸路を馬の背で運んで、阿武隈川の流域に出、そこから川船を利用し荒浜へくだしたものではなかったかと思う。このようにして仙台地方へ送られたものと思うが、荒浜からの上り荷には塩が多かった。そのほかには油粕や藍や塩魚などがあった。こうして、この地方に東北線が通ずるまで、阿武隈川の交通運輸の上で果たした役割は実に大きかったのである。
しかし、幕末の頃まで阿武隈川中流地帯、すなわち中通といわれるこの地方には、白河・棚倉・三春・二本松・福島などの城下町があって、早くからひらけていたところではあるが、未開の原野もひろく、奥州安達ガ原といえば人もおそれる荒野であった。

安積疏水

この荒野をひらく計画のたてられたのは明治初年のことで、安場保和が福島県令として赴任したとき、県典事の中条政恒に郡山の西にひろがる大槻原開墾を進言し、その計画をたて、明治五年に政府へ申請し、明治六年秋には開成社が設立され、郡山の富商二五人の参加によって工事をおこすことになった。その出資額は、当時の金で二万一六七〇円にのぼった。

土地はこの人たちが拓くのではなく、入植者を待って拓かしめたのであり、士族の帰農者を多く受け入れた。その中には、遠く松山藩・久留米藩・高知藩・鳥取藩の藩士たちもおり、地元の棚倉・二本松・会津藩士もいた。

一方政府は、猪苗代湖の水をトンネルを抜いて、奥羽山脈東斜面の大槻原に落とす計画をたて、明治一二年一〇月にその工事にとりかかることになった。そして、内務省土木局御雇工師のオランダ人、ファン・ドールンの技術的な指導によって、明治一五年八月にほぼ完成を見た。この疏水をうけて郡山西部の荒野の開墾が進んでいくのであるが、入植した人びとの生活は容易に楽にはならず、中条政恒の孫中条百合子（後の宮本百合子）をして『貧しき人々の群』という小説を書かしめている。

しかしこの水によって荒野はうるおい、今日見られるような美田がひらけ、それが郡山発展の基ともなっていったのである。そればかりではない。疏水は水力発電にも利用され、明治四二年には郡山上水道も完成し、やがて工業用水として郡山の工業発展に資することになる。

無論ここにいたるまでには実に多くの艱難があった。それらのことについては『安積疏水志』をはじめ、いくつかの記録があり、また『安積開拓史』（高橋哲夫）は、この開拓と今日にいたる経過、そこに生きた人びとの姿を書いて心にしみる名著である。

安積疏水の水は阿武隈川におちている。したがって阿武隈川につらなる歴史でもある。

2 北上川

仙台米の廻送路

「三十五反の帆を巻きあげて　行くよ仙台石巻」――「大漁唄いこみ」でなじみのこの唄は那珂湊に近い大洗からひろまったという話だが、かつての東廻り海運のにぎわいを今にしのばせる。『武江年表』寛永九年（一六三二）の条に「諸家深秘録に云ふ、今年より奥州仙台の米穀始めて江戸へ廻る。今に江戸三分の二は奥州米の由なり」とある。もっとも三分の二はいささか誇張にすぎるらしく『米価記』では三分の一に割引きしているが、ともかく「本石（穀）米」の呼名のとおり仙台領の産米が久しく江戸における米穀取引の「建米（標準米）」であったことはたしかであり、また寛永九年にさきがけて元和六年（一六二〇）、五〇〇〇石の米を水沢から北上川を下して江戸に廻送した記録も残っている。

江戸開幕後、急激に膨張した人口を養うために果たした仙台米の役割は大きく、その廻送路のいわば心臓として働いたのが石巻の湊であった――北上の川道と東の海の道の接点に位していたからにほかならない。元禄二年（一六八九）思いがけなく石巻にたどりついた芭蕉は「数百の廻船入江につどひ、人家地をあらそひてかまどの煙立つづけたり」（『奥の細道』）と、そのにぎわいにおどろきを新たにしているし、仙台藩の地誌『奥羽観蹟聞老志』は「市店連屋、漁家比隣、商賈群集、農工雑居、繁華輻輳」「土産豊饒之富、天下第一之津也」とさらに大仰な表現をしている。ともあれ石巻のこうした繁栄ぶりは旧時における「水の道」の役割の重さを感じさせ、とりわけ海につながる「川の道」が内陸輸送の主脈であったことを知らせてくれる。しかもその原動力となった「仙台米」もまた北上の「水のめぐみ」にほかならなかったのである。

川名の由来

北上川は源を岩手県北部の七時雨《ななしぐれ》山に発し、それに沿う奥羽脊梁山脈東斜面と北上山地西半部の水をすべて併せて蜒々二四三キロ、一万〇七二〇平方キロの土地をうるおしつつ流下し、末は石巻と追波に分れて太平洋に注いでいる。東北第一の大河であり、流路の良さでも国内第五位を占めている。

『日本書紀』景行天皇四〇年の条に「蝦夷既平、自日高見国還之」とあり、『常陸国風土記』にも「置信太郡、此地本日高見国也」とみえる。つまり旧くは常陸国より北、蛮夷の住むところを「日高見の国」と呼んでいたわけで、「北上川」の名もまた「日高見川」に由来するらしい。『日本後紀』延暦一六年（七九七）の項に、「威振日河之東」とある「日河」も、たぶん日高見の名を示すところであろう。ともかく大和朝廷にまつろわぬ蝦夷人の住む東北辺土が日高見国であり、その地の大河が「日高見川」と呼ばれたが、いつしか「北上川」に転じたということになる。しかし今のところ「北上」の川名は『吾妻鏡』が初見とされているのである。

川村重吉の改修

北上の河口港石巻は実のところ近世初頭の誕生で、伊達政宗の達見による大がかりな北上水系の流路改修工事の結果にほかならない。それ以前の流路の在り方は正確にはとらえがたいものがあるけれど、北上

北上川中流（前沢付近）

本流の末が東に転じて追波湾に注いでいたことだけはたしかであり、石巻には迫川と真野川が落ち合っていたにすぎない。江合川もまた北上川に合することなく仙台湾に入っていたのである。しかし北上川が内陸の動脈として働いた歴史は旧く、化外の地日高見国でも北上の水域は意外に早く大和に順化したようだ。

東北地方における古墳文化の跡も北上の中流地帯までは伸びていて、それ以北の地とは断絶の様相を示しており、陸奥鎮圧の本拠が仙台近郊の多賀城にさだめられてからも、征夷の前線はかなり北上中流の胆沢城に進出していた。それゆえ平泉文化の開花に先行して、平安初期すでに仏教文化が定着していたことは、貞観の記銘をもつ黒石寺薬師仏や成島の毘沙門天像などすぐれた遺品の存在からも推測できるのである。頼朝の平泉制圧後、北上流域一帯を手に入れた葛西氏は本城を石巻にさだめ、その配下を沿岸の要地にくまなく配した。天正年間の記録で、その分布をうかがうと主な臣従五十余家はことごとく北上沿岸に集中しており、『葛西大崎船止日記』にみえる、葛西氏滅亡後の伊達政宗の措置でも、北上水系に合計二五カ所の川船場のあったことが知られている。北上川は葛西領の生命線であったのだ。

伊達政宗は天正一九年（一五九一）葛西大崎の遺領を得て岩出山に入城し、慶長八年（一六〇三）仙台に新城を築いて移った。彼は領国経営の眼目を「北上の治水」にさだめ、まず慶長九年、一族の白石宗直に浅水地籍に堅固な長堤（相模土手）を築かせて北上本流の筋を東に変え、迫川の遊水と分離した。その結果、川筋は大きく東の山際に迂回して、登米《とよま》を経て柳津に流下することになり、登米郡一帯の広漠たる野谷地に水田化の途がひろく開かれたのである。元和末年から寛永初期にかけて、川村孫兵衛重吉が差配して完工した下流川筋の抜本的改修と石巻港の開発は、いわばその仕上げであり、六二万石の大藩の基礎をゆるぎなきものにしたといってよかった。川村孫兵衛重吉は長州の人、算数土工に精しく毛利輝元に仕えていたが、関ケ原役後は退いてたまたま近江蒲生郡の伊達領に蟄居中のところ、政宗の知遇をうけて来仙したのであった。この大治水事業の詳細はかならずしも明らかではないが、薄衣の狭窄部に通船の便をひらき、米谷《まいや》の大湾曲の流路をただしたうえ、柳津下流を大きく西に廻して迫川・江合川を併せる新川をひらき、さらに鹿又において川筋を南下させて石巻湾にみちびくことを主眼としたと要約できる。そのため柳津下流の旧川筋は廃川となり、迫・江合・北上本流の水筋は一つに合して、石巻が河口港としてはじめて定着したのである。

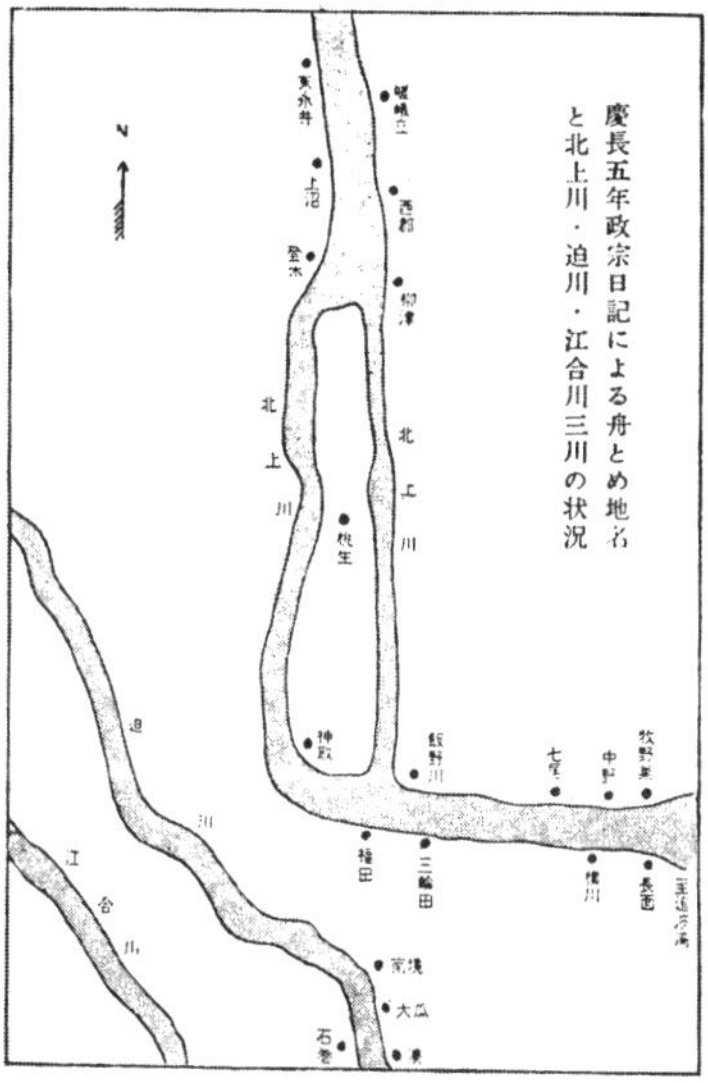

北上川（『政宗日記』より）

　北上川は稀にみる緩流で、河口から海抜一〇〇メートルの高さに達するまでの距離は一八四キロ、岩手県紫波郡のあたりである。持に一ノ関の東南方狐禅寺狭窄部を過ぎた後は全く水勢はよどみ、登米の平を迂曲して流れる。こうした舟運に好便な条件は同時に洪水の災厄をはらんでもいたので、孫兵衛の治水計画は困難をきわめたにちがいなかったが、

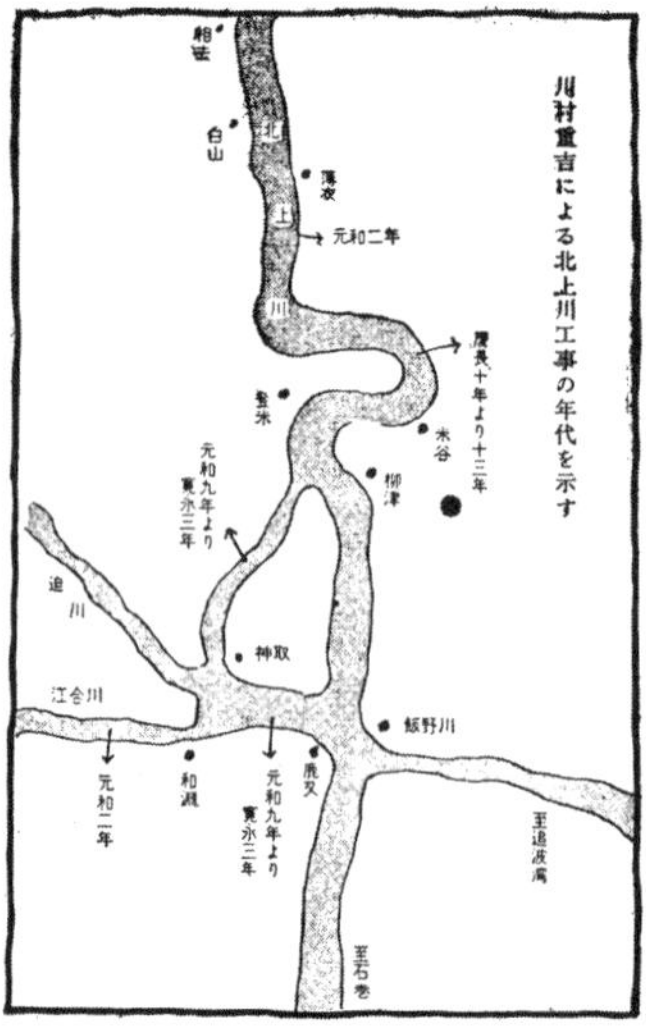

川村重吉の改修

それを克服して難事業をなしとげたのは、まことに驚嘆に価しよう。三〇〇〇石の采地を拝領し、その本流が普請奉行を世襲できたのは当然の恩賞であった。石巻の港祭は八月一日に今も行なわれ、川花火の豪華さを誇っているが、開港の恩人川村孫兵衛の追憶と感謝がその本旨であるという。寛永初年に開始された仙台藩の江戸廻米は、この大治水事業の完成によるところで、仙台以北、今の北上市におよぶ肥沃な耕土の産米を、北上の川筋を通じてことごとく石巻に集め、さらに江戸廻送と城下集積とにふりわけることを可能にしたのである。しかも米のほか、めぼしい国産が得られぬまま、藩は「買米」の制を設け、余剰米のすべてを買上げて専売することをはじめた。——江戸廻米はすべてこうした専売制によるところで、仙台藩の財政を磐石たらしめたのである。しかし元禄期ころがその最盛期で、その後は洪水飢饉の頻発に悩まされ、その防止に万全を期する大がかりな治水開発事業も別段行なわれずに経過したようである。

しかし、かくて石巻は江戸廻米の発進地として藩経済の要地となり、また盛岡南部藩・八戸藩・一ノ関藩も北上水運にたよらざるをえないため、きそって石巻に穀倉を設け、倉役人を置いた。仙台藩の穀蔵は住吉・湊両区だけでも三五棟におよび、南部藩その他の穀蔵もまた多かったのである。石巻にあった江戸廻船の数は、時代により大きな変動があったにちがいないが、安永二年（一七七三）の『風土記御用書出』によると、石巻・門脇両村だけでも天当船（千石船）五〇艘、五大木船四七艘、伝馬船その他二五〇艘におよび、また安永六年（一七七七）の江戸廻米船は五七艘、四万二六三〇石におよんでいたという。内陸の水路は支流の迫川では若柳、江合川は小牛田《こごた》・古川を終点とし、北上本流では北上市の相去を一応の終点として、その間にいくつかの川船留所を設けたが、別に相去から上流盛岡までは川船の便があった。

明治の舟運

明治期に移ってもなおしばらくは川船による輸送は主役をつとめ、北上水路は内陸運輸の動脈の地位を保持していた。しかし石巻から盛岡まで遡上するには二八日を要し、下りは四日を通例としたという。通船はいわゆるハシケで、乗員は三人、積荷の上りは塩・砂糖・雑貨・塩魚が、主で、下りは米・大豆・小麦・果物の類であったという。

しかし、明治二〇年東京―仙台間に鉄道がひかれ、二四年に青森までそれが延長されると事情は一変した。「水」を媒介とする国内の輸送ルートは一変し、しかも東京を指向する縦軸に切り替えられたのである。外洋に河口をひらく港はもちろん、岬の先端もそれまでは物資の移入先であり、新しい文化の受け入れ口であったのだが、内陸交通の鉄道による革命は、一挙にその地位を没落させた。しかし明治二〇年以前は、石巻港の河口事情の劣悪さを改善しえないまま、松島湾外の野蒜に新港を建設し、それにつながる運河の開掘と陸上道路の整備が真剣に進められつつあったのである。かくて、そののち北上水系はもっぱら治水と農地開発を目途に改修され、水運の利は問題外となった。そして昭和初年にようやく完了した北上治水事業によって、北上流域は全国屈指の穀倉地帯として安定し、東北経済の支えとなりえた。戦後の北上地域総合開発事業は、いわば「仕上げ」にほかならないが、東北農民の生活がどれだけそれで向上したかは、今のところまだはかりかねるのではなかろうか。

3　最上川

流路

近世中期頃まで、最上川の遡行限であった五百川《いもがわ》郷宮宿に、豊龍大権現という古社がある。承和一一年（八四四）、延暦寺僧安慧が地方巡講のおり、この地の護法善神として、海童《わだつみ》神の女、豊玉姫命を鎮祭したものと伝える。この神社の発祥の意味について私はいま一つの大胆な空想的仮説を立てる。それは、最上川という「塩の道」の上限に、古代の海の信仰が残ったのではないかと。米沢上杉藩の御用商人であった西川久左衛門が元禄七年（一六九四）に、五百川郷の上流に遡行を阻んでいた黒滝の険所や、下手・左沢の難所、桜瀬などを開鑿するまで、小型の商船でも、置賜盆地まで航行することは困難であった。

最上川は、山形と福島の県境に近い西吾妻山に発する大樽川の名無沢を源流として、置賜、村山、最上の内陸盆地帯を貫流、やがて庄内平野におどり出て日本海に注ぐ、全長およそ二三〇キロの大河。この本流を背骨として、肋骨のような支流と、そのまた細かい枝川が二二〇余流、その全流域が実に七〇〇〇平方キロ余、県全体のほぼ七五パーセント（『県勢要覧』）に及んでいる。わずか一水系で、県民ほとんどの生命を支えているという風土は、全国的にも全く珍しい。県民はこの川を等しく「母なる川」と称えてきた。農耕生産に、運輸交通に、流通経済に、文化交流に、さては県民性の形成と昂揚に、古来この川の果たしてきた功績は計り知れない。

「もがみ川のぼれば下るいな舟のいなにはあらず此月ばかり」は、早く『古今集』に現われた古歌、当時はこの地方にも開拓が進み、すでに農耕経営が始まり、律令行政が行なわれていた。中央政府から派遣された官人たちは、北陸を経、最上川を遡って、はるばると最上郡（村山）の任地に赴任して来たのであろうし、管内から収納した租稲は、いわゆる稲船で、国府にある官庫まで川下げをしたのであろう。

延長五年（九二七）にできた『延喜式』の「諸国駅伝馬」の項を見ると、出羽国には最上駅（山形）を起点として、ほぼ最上川に沿うて北行する官道に宿駅が設けられ、それぞれに駅伝馬が配置されたが、特に佐芸、野後、避翼は最上川の水駅を兼ね、馬のほかに船も付属している。こういう水陸両様の宿駅は、全国的にも出羽国以外には少ない。古代から内陸部の交通機能に果たしてきた最上川の歴史的例証となろう。

川船で運ぶ荷物

最上川の役割が、広域流通市場に強く浮上してくるのは、なんといっても近世に入ってからで、その繁昌ぶりは明治前期に及んだ。

その後、仙台・塩釜方面との交通輸送事情が好転し、さらに明治三〇年代に奥羽線が開通するにおよんで、舟運の生命は全く絶たれ、以来、もっぱら農耕水利に新たな力を発揮している。

さて、近世期の最上川は、数度の改修によって輸送機能をいよいよ高め、古来、諸国往還の津として発展してきた酒田湊を中継基地として、遠隔地との交易市場を拡大した。すなわち、最上川全域に生産される商品生産物の大半は酒田に積み下ろし、上方物資や北海物は、酒田の問屋を経由して上流に廻送され、清水・大石田・寺津・船町・長崎・左沢など、河岸の問屋、商人の手を経て、広く内陸部の消費者の手に渡った。山形付近の大市場を握っていたのは、船町河岸の荷問屋たちであった。

酒田港の眺望（五十嵐雲嶺画）

流域の御城米や藩領米、あるいは商人米は、以前は酒田湊から蒲原津を経て敦賀に上げ、琵琶湖の北岸まで駄送、湖上を渡して一部は大坂に、一部は江戸に廻送したのであったが、寛文一二年（一六七二）に、河村瑞軒によって西廻り航路が開発されてから、海上直送が可能になったので、それ以来、大坂や江戸の米穀市場で羽州米にかける期待が大きくなった。明和二年（一七六五）頃の例では、内陸分の諸藩領米がおよそ一〇万俵、商人米雑穀共におよそ一〇万俵の米が川下げになったから、御城米を加えれば、優に三〇万俵ほどに達したと見られる。

最上紅花

米以外の主要移出物資は、大小豆・紅花・青苧《あおそ》・漆《うるし》・蠟・煙草など十数品目におよぶが、最も著名なものは紅花と青苧である。特に紅花は村山盆地の特産で、「最上紅花《ばな》」の銘柄で京都に送られ、化粧用・小町紅などの原料となり、友禅染の染料として、優雅な京都風俗文化の源泉となった。中世末期頃から生産されたようであるが、元禄期以来、上方の需要が急増し、宝暦以後は年産一千数百駄（一駄、干紅花三二貫目）、その収入は年平均六〜七万両の高額に達する換金作物となった。村山地方は盆地性の気象の強い所で、紅花の発育に作用する朝露の発生率が高く、それに、最上川および支流沿岸の畑地の土質が適性であったために、品質の勝れた紅花が大量に生産されたのである。

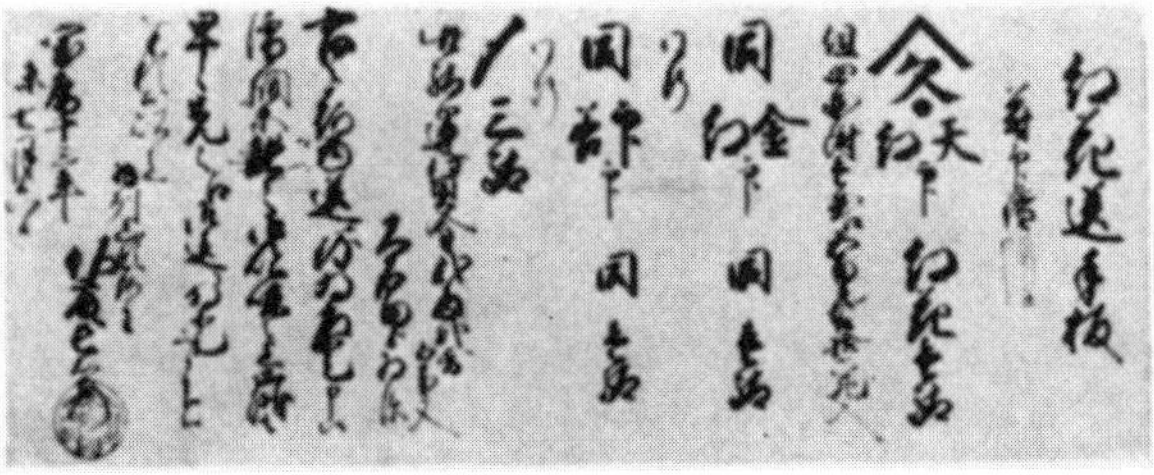

紅花送手板

紅花は干花という粗製原料のまま、山形や在郷町の業者、荷問屋が集荷し、陸路、大石田河岸まで駄送、ここで船に積みかえて酒田に下ろし、海船で敦賀に送り、古来の送路を経由して、京都の紅花問屋に届けるのである。いま、県の文化財に指定されている青山永耕画の「紅花屏風」一双（山形市、長谷川吉内氏蔵）は、その生産過程や干花製造、売買取引の情況、紅花船敦賀入港の風景など、豊かに描写している。

青苧

麻織物の原料たる青苧もまた、村山・置賜地方の特産で、奈良・江州・越後・越中など、麻布生産地に広く取引され、良質の評判が高かった。中でも最上川上流の五百川《いもがわ》苧《そ》や、支流月布川沿岸の七夕《たなばた》苧《そ》などは上質物で、『和漢三才図会』（正徳三年）に、「曝《さらし》布は和州奈良より出る。布の上品なり、羽州最上の麻苧を績んで布と為す、細緻絹の如し、之を煮て舂き晒すこと数回にして、潔白雪の如し」と、最上苧を激賞しているが、奈良晒のみならず、近江蚊帳でも越後縮でも同じであった。

米沢苧の一部は江戸に出して、海路大坂に廻すこともあったが、最上村山苧はすべて最上川の舟運によった。そして各地で製品化された麻織物は、逆に最上川を遡ってきて、庶民の夏の衣料生活を楽しませたのである。盆地内の谷地や長崎といった湊町に、初夏の候になると、「帷子《かたびら》市」という特殊市が立って、麻布の売買で賑わった。

川船

最上川を船で運ばれてくる生活物資は雑多である。元和頃（一六一五〜）の「酒田資料」によれば播磨塩、大坂・堺・伊勢の木綿、松前の五十集《いさば》物などが主なものであったが、生活が向上化、複雑化するにつれてしだいに移入品目を増し、繰綿・木綿・古手・七島・畳表・塩・茶・砂糖・白〆油・昆布・身欠鯡・烏賊・塩引・塩鱒・干鰯などから、日用雑貨小間物類まで、大坂物、南海物、松前物と称して上ってきた。ために船数も増加し、最も多かった元禄期には、酒田船がおよそ三六〇艘、大石田を主な拠点としている小鵜飼船（小型）や艜船（大型）がおよそ二九〇艘に達し、それが最上川の上り下りにひしめき合っていたのである。

この川は古来日本三急流の一つと称され、難所も多い。元禄期に上流の大改修が行なわれたことは前記したが、大石田河岸の上手には、碁点・三河瀬・隼という三難所があって舟航を妨げており、破船の災害に遭うことも少なくなかった。寛延三年（一七五〇）と翌宝暦元年の二カ年で、大小の船、実に四四艘が遭難したという（長井政太郎著『山形県地誌』）。かりに御城米船でも破船すると、その弁米のために多くの関係者が苦しんだ。古くは船方と郡中百姓と幕府が各三分の一ずつの負担であったが、延宝四年（一六七六）の定法改正で、船方三分の一に対し、郡中が三分の二の弁納となった（「御廻米一条」）。

三難所沿岸のいわゆる曳船聚落（大淀村付近）の曳子人足たちは、破船に乗じて、流出の米や物資を密かに拾得し、「淀の餅」「かぶたれ餅」という餅を搗いて喜ぶという、笑えない風習があった。「かぶたれ」とは、水に落ちてずぶ濡れになることとの方言である。また、塩のような溶水性の物資を積んだ船の難破で、町の塩問屋が破産したという話もいくつか残っている。

さて、最上川という道は、単なる経済物資の流通路だけでなく、文化の伝播に尽くした功績も大きい。

山形の近世初期から中期にかけて活躍した商人の多くは近江商人で、彼らの本領たる行商から、この地方の経済性に着目して山形に定着し、生国の本店との間にいわゆる鋸商法を営んで産をなしたものである。そして山形に新しい商人道を打ち立てた。その根本となったものは、あくまでもたくましい商魂で、その中に正直、勤勉、質実などの商人性を育んだ。そして本来の城下町を「奥羽第一の場所にて、諸国之商人入込み、諸色売買有之」、全くの商人町に塗り替えたのである。

彼らが上方から持ってくる商品物資の中に、いわゆる雑器と称するものがある。酒田をはじめ、上流の船場町の豪商、その他の旧家といわれた家々に、今でも、伊万里や九谷などの古陶磁器、技を尽くした家具調度品、華麗な服飾品、さては珍しい京雛など、貴重な美術品が秘蔵されているが、そのほとんどは、雑器に交じって、川の道がもたらした文化財である。「本金箔押極上々入念御厨子入」という多数の仏像の送状など残っているところを見ると、旧家の仏壇などにも、京都仏師の名作が並んでいるのであるが、これらもすべて、紅花の道の逆コースを通って来たものである。酒田の本間美術博物館の庭石はいずれも諸国産の名石であるが、御廻米船の帰路、船脚の安定を保つために、これらを商品として積んで来たもので、こういう例は盆地内の旧家の古い庭園にも見られる。寺社に奉献されている灯籠の原石、御影石なども、はるばる日本海を廻って来たのである。

小鵜飼船（明治）

最後に、文学的風土として見た最上川に一言触れておこう。「稲舟」や「袖の浦」の話は、上代貴族の間に、枕詞として多くの和歌に詠まれた。しかし、最上川の真の景観が如実に表現されたのは、松尾芭蕉の『奥の細道』であり、「五月雨を集めて早し最上川」の句である。この芭蕉の自然観に迫ることを本願としていた斎藤茂吉の「最上川逆白波《さかしらなみ》のたつまでにふぶくゆふべとなりにけるかも」の歌一首は、「母なる川」の厳しさを表現して、全く余すところがない。

4　雄物川

流路

いまはもう忘れられたように静まりかえっているが、大曲市角間川町（現・大仙市角間川町）は、かつて雄物川で最も重きをなした河港の町として栄えたところである。

雄物川は秋田県で一番大きな川で、雄勝郡雄勝町院内の奥山に源をもち、県南から北西に一四九キロ流れて日本海にそそぎこんでいる。蛇行の多い川ながら、その流れは平野部を通り、支流の流れとともに秋田県の穀倉地帯をうるおしてきた。同時に、交通の上でも重要な役割を果たしてきた。それは、その河口にある土崎湊ともかかわっている。土崎湊は現在秋田港といわれ、その重要さに変わりはないが、江戸時代には西廻り航路の主要港として栄えた。雄物川はその土崎湊に物資を運び、また、上方からの荷を積んで上る川船の道だったのである。角間川は土崎湊から上ってくる大船の終航地であり、周囲の村々から集められた産物を積んで下る出航地として、大変なにぎわいを見せたところであった。雄物川の「川の道」は、その土崎―角間川の間を主要路として、大小八七を数える支流のいくつかが脇路の役割を果たしてきた。この雄物川では舟運を中心にして述べてみようと思う。

土崎

「久保田より北一里に湊町といふあり。このところは秋田六郡の産物この浦に出し交易の所にて、中国・九州及び大坂の廻船この湊にいるなり。このゆゑに町もあしからず、千三百余軒、娼家もありて賑わしきまちなり。久保田の本町よりも湊町の方すぐれたり」

天明八年（一七八八）幕府巡見使の随員として東北を旅した古川古松軒は、その時の記録『東遊雑記』に土崎湊のことをそう書いている。久保田というのは城のあった現在の秋田市のことで、城下よりも湊の方が立派でにぎわっていたことがうかがえる。

土崎湊は、北海航路の七湊の一つとして古くから重きをなしてきたが、藩政初期の寛文一二年（一六七二）、西廻り海運が開かれると、さらに大きな湊となって千石船が出入した。その土崎湊から上方に運ばれた秋田領内の産物は、米・大豆・小豆などが主であった。米代川河口にあった能代港からは、金・銀・銅・鉛などの鉱物の移出の割合も大きかったが、土崎湊からは九〇パーセント農産物であった。一方、上方から運ばれてきて領内にはいったものは、木綿・古手衣料・塩・紙・小間物など領内では自給できないものであった。上方からの船は、三月に一番船が南から上ってきて米を積み出して行く。風に乗って順調に走ると土崎―大坂間を三カ月で往復し、六月には再び土崎湊にはいってきた。それが二番船で、領内の米の積み出しはその二回でほとんど終ったのである。

川船

「御物川《ママ》には川ぶね往来ありて、不相応の太帆をあげて上下をす。帆の川舟に大いなりしは利方よしといへり」

古松軒は雄物川の川船のことをそう書いている。雄物川を往きかう船は、あらためていうまでもなく土崎湊からの荷を主に積んで上り、領内の産物を積んで下る。途中の主な河港には刈和野・南楢岡・神宮寺（以上仙北郡、現・大仙市）、大曲・川ノ目・角間川（以上大曲市、現・大仙市）、田村（平鹿郡、現・横手市）、鵜巣（羽後町、現・雄勝郡羽後町）などがあったが、角間川を含む大曲付近の河港は、物資の集散地として特に重きをなしていた。仙北地方の何千石という米を積み出し、下からの物資はそこで人の背や馬や小船に移されて、さらに奥地に運ばれた。三森英逸氏の『徳川時代の雄物川筋舟付場と商人について』（大曲市郷土史資料）によると、そのルートには、一　長野・角館方面に行くもの、二　六郷を通り横手・湯沢を経て山形方面に行くもの、三　角間川から横手を通って南部領にいたるもの、などがあった。

河港の跡

大曲というのは、雄物川が大きくカーブする地点にあることからつけられた地名といわれ、その町はまた羽州街道の要地でもあった。大曲には本陣がおかれていたのである。そのために自然に人が集まり、市が立ち、加えて付近にいくつかの河港があったりして、鉄道が敷かれるまで大変なにぎわいを見せた町だったのである。

河港の跡（角間川町）

川の港

大曲付近の河港には丸子川・川ノ目・大保・角間川・花館などがあって、大保には藩の収納検査所があった。仙北米の積み出しは、丸子川と角間川ときめられていて、浜蔵・大納屋・蔵宿の数も多かった。浜蔵というのは倉庫、大納屋も本来は浜蔵と同じものなのだが、大曲付近では商取引もそこでなされた。蔵宿は船頭や船員を泊めるところで、藩の許可を得て、浜蔵を持っている者が多く経営していた。

角間川は、その大曲からさらに上ったところにあって、そこより下流を「下川」、上流を「上川」といっていた。いわば雄物川を二つに分ける地点にあったわけで、そこにはいってきた大船は四斗俵で一〇〇〇俵から一二〇〇俵積みのものであった。そこから上流には五、六百俵積みの船に移した。さらに鵜巣からは八〇俵積みの小さな船に積み替えて湯沢近くまで上った。角間川の浜には常時三〇〇人ほどの駄賃引がいた。船足は大曲から土崎までは下り一日、上りは途中の淀川（協和町、現・大仙市協和）で一泊したので二日かかった。明治三〇年ごろの運賃は、土崎湊の少し手前の新屋まで一〇〇俵につき四斗入り俵一〇円、三斗入りは七円五〇銭であった。

いろいろの船

どんな造りの船が雄物川を往き来していたかはわからないが、佐藤清一郎の『雄物川と大曲周辺の河港』（大曲市の歴史・第二集）の中から、積載量だけで大曲付近の船の大きさを拾ってみると、角間川の少し下流にあった大保港には大小四〇艘の船があった。万之助船といわれた大船は三斗俵にして一〇〇〇俵積み、帆は莚幅一一枚、長さ一一尋あり、何十反かの木綿を使ったものであった。それにつぐ七、八〇〇俵積みの船は八艘あった。明治二〇年ごろの記録である。その大保港は冬の大船の終航地であった。

雄物川本流は、川幅も広く水深もあって大船の着岸も容易であったが、支流にはいると川幅も狭く浅くなる。そこには中、小の船が多く、丸子川の船は二、三〇〇石積みのものが多かった。角館に上る玉川は支流の中でも大きな川で、雄物川との合流点では渦を巻いている。その川を上った玉川船は二、三〇〇俵積みのもので、流れが速いために、船頭だけでは川をさかのぼることができず、岸を行く〝曳き夫〟の力をかりなければならなかった。

これは一つのエピソードであるが、大曲の富豪小西伝助は、明治一八年に中古の蒸気船を買って雄物川を走らせようとしたが、人力車夫の反対にあってほどなく断念した。

角間川

現在の角間川の静かなたたずまいは、土壁のつづく大きな屋敷と、年代を経た樹々の間にも感じられる。その町の歴史は、佐竹氏が雄勝峠を越えて秋田にはいってきたときに始まる。

角間川の郷土史家、平野広吉氏の話によると、それまでそのあたりの支配者であった小野寺氏は、関ケ原の合戦に徳川方につかなかったために領地は没収され、小野寺義道は津和野藩あずかりにされてしまう。

石の地蔵様（角間川町）

その家臣たちは常陸から移ってきた佐竹氏に部下にしてほしいと頼んだが、佐竹氏も左遷に近かったためにそれを断わり、開拓をすすめた。そして、まず一〇〇人ほどの人がいまの角間川のあたりにはいり、以後、一年の間に家族を含めて一五〇〇人ほどの人がはいりこんだ。そして、一〇年後には二〇〇〇石ほどの作物がとれるまでに農地を広めた。その開拓者を相手に商人がはいり、しだいにその商人の蓄積が大きくなっていった。そして大地主となっていくのだが、その地主には関西の人が多かったという。角間川の町に立つ身丈三メートルほどの地蔵は、大坂城の石頼と同じ石でできている。西廻りの船は、荷がないと瀬戸内海の石を積んで上ってきたもので、その地蔵の石は四国小豆島あたりのものらしい。大坂城の石垣の多くは小豆島から運ばれたからである。

角間川の河港は現在の角間川橋のあたりで、そこには川岸に下る石畳や大倉庫の石垣が当時をしのばせるように残っている。かつては、そのあたりの川岸一帯に、大きな倉庫が数十棟も並んでいた。土崎湊までの船は、各地主ごとにきまっていて、角間川そのものには大船はなかったらしい。地主本郷家の米は主に新屋船、北島家は大保船、荒川家は新屋・大保船、最上家は新屋・大保船という具合である。角間川からの積み出しの主なものは米・雑穀、栗などで、土崎湊からは古着・小間物・荒物・薬種・塩・砂糖・海産物などであった。

川と藩領

船宿で一番大きいのは本町の佐々木市郎兵衛の宿で、角間川が最も繁栄した明治二五年ごろには三階建ての座敷を建て、船頭たちがたむろして毎日豪華に遊んだ。その船頭たちは、自分の船が神宮寺岳の下あたりを通ると、舶来の遠メガネで帆印を確認し、使用人に荷上げの指図をした。三森英逸氏によると、秋田藩の歳入の四分の一の米が、この角間川から積み出されていたという。天保六年（一八三五）の記録では、秋田藩の歳入が五五〇〇貫、その半分の二八〇〇貫が藩米を大坂に移出して換金した金で、角間川港からは、さらにその半分にあたる一四〇〇貫の米を積み出していたのである。角間川の繁栄のほどがわかろうというものである。

この雄物川は、上流から下流まですべて佐竹藩のものではなく、旧河辺郡大正寺新波《あらわ》（雄和町、現・秋田市雄和新波）のあたりに亀田藩の領地があった。この亀田藩は財政が豊かでなかったために、延宝七年（一六七九）から明和七年（一七七〇）の間に、四回にわたり、雄物川川下げの荷物に対して役銭をかけようとした。しかし、その荷は秋田藩の米が主であったために秋田藩の抗議をうけ、その関係がまずいものになっていった。そうした歴史をもちながら、雄物川は秋田藩の重要な水上路となっていたのであるが、明治三八年の奥羽本線開通とともに、物資はすべて鉄道便にかわり、川運はさびれ、角間川も静かな町となっていったのである。

面影を残す倉庫石垣

5　米代川

野代湊

くねくねと曲がりくねりながら、多くの川は地図の上におおむね斜めに青い線を描いているのだが、秋田県北部を流れる米代川だけは東西にほぼ一直線に走っている。延長一三七キロ、その源は岩手県安代町田山（現・八幡平市田山）の奥羽山脈中に発し、県北の中心地、鹿角、大館の町をよぎって日本海に出る。その河口に木材の港で知られた能代の町がある。

米代川の流域には、花輪・尾去沢・小坂・花岡などの古くから開かれていた鉱山がある。花輪・大館・鷹巣のあたりは、また秋田杉の主要産地でもある。

秋田杉の歴史は古い。八、九世紀ごろに作られた払田柵の柵木にも、みごとな杉の角材が用いられている。払田柵は、現在の仙北郡仙北村のあたりに蝦夷地を開発するということで設けられた柵であった。

また、豊臣秀吉の伏見城築城にも使われている。その城の起工は文禄三年（一五九四）で、秋田氏も命によって板材を供出している。そのとき、野代湊（能代港）から敦賀に送られた長さ二間（約三・六メートル）、幅一尺八寸（約五五センチ）、厚さ六寸（約二〇センチ）の多量の板材も秋田杉であった。その杉材はおそらく天然のものであったろう。秋田杉が計画的に植えられるようになるのは江戸時代初期、佐竹氏の入国以後のことである。

ここで断わっておかなければならないのは、はじめに秋田杉のことを取りあげたのは、この稿の米代川の川利用は秋田杉の筏流しのことを多く語らねばならないからである。といっても、米代川には筏だけが流れていたわけではない。鉱石や米や上方からの物資を積んだ船も多く上下していたのはいうまでもない。それらの舟運は明治以後、鉄道や自動車による輸送に切りかえられたが、筏だけはごく最近まで残っていたのである。

幕末の川船については『東遊雑記』の中にもみえている。それは天明八年（一七八八）、幕府巡見使の随員としてみちのくを旅した古川古松軒の記録である。

「野代といへる所は湊にて、千四百軒の地にて、大概のよき町なり。野代川ながれ、川上は奥州南部より流れ出で、十九里の間は川船往来して、この辺の産物皆みなこの湊に出て、北国・九州および大坂の廻船も数多入津して、交易の業あるゆゑに、商人多く、豪家も見え倡家も見えて、言語も外より見れば大いに勝れたり」

野代川というのは米代川の下流、能代近くの流れをそう言っていたのである。津軽に至る羽州街道は、その能代から米代川沿いに東にはいり、大館から山間を北上するようになる。

同年七月二日、野代浦に宿した巡見使の一行は、その米代川沿いの街道を進み、一二日は荷上場、そして翌一三日には船で小繋に渡っている。荷上場から小繋までわずか一八町（約二〇〇〇メートル）の距離ながら、陸路はけわしい山路を一里一三町（約五五〇〇メートル）も歩かねばならず、陸を行く旅人はいないと古松軒は記している。船賃は一人前二四文、荷物は大小によって代金に定めがある。

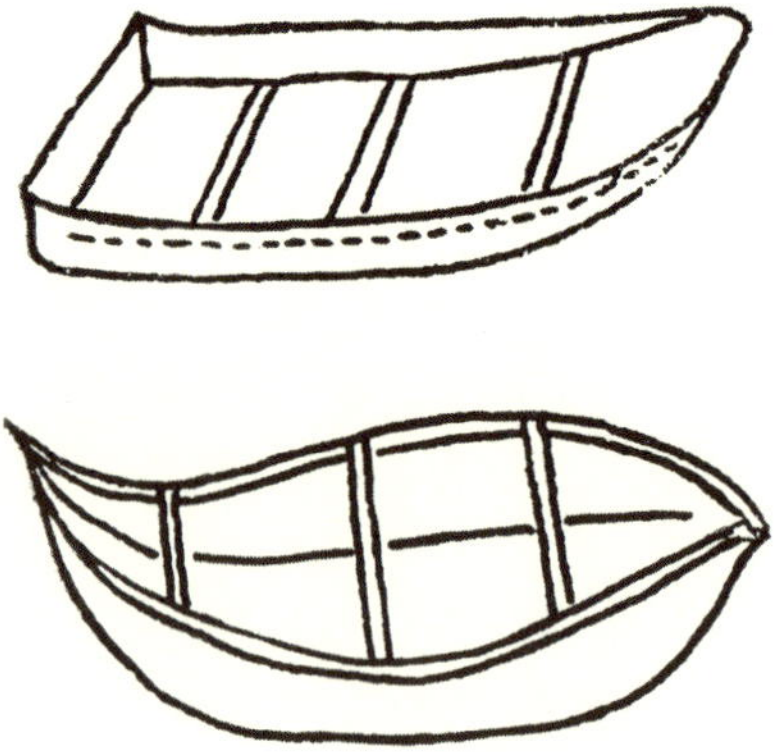

巡見使古川小松軒の描いた川船

川船

さらに、古松軒はそこの川船を珍しい形と見て図を描き、簡単な説明をつけている。

「中国、上方筋にも見なれざる船あり。土人長船と称す。長さ九間半、横は広き所にて六尺二、三寸、樫の木にて作る。岩あたりの所至つて丈夫なり。操船といふ。長さ七間、横一尺五寸、尻頭もなく、竹をわりし如くの船なり。楫《かじ》もなく櫓もなし。棹にて船をつかふなり」

巡見使の一行はそれから大館に出て津軽に向かう。古松軒の記録には秋田杉のことは出てこない。そのころ秋田杉は秋田藩の財政を支えてはいても、事業としてはまだ見るべきものがなかったからかもしれない。

秋田杉

「国の宝は山の宝なり、然れども伐り尽すときは、用に立たず、尽さざる以前に備をすべし。山の衰は即ち国の衰なり」

これは佐竹氏の初期の家老、渋江政光のことばとして伝えられている。佐竹氏は常陸五四万石から久保田（秋田）二〇万石に減じられてやってきた秋田藩主である。豊かな国から貧しい国へ、それが産業に力をいれる一つの動機になっていたのだが、林政についてはそのことばが大きく物を言っていたのではないかといわれる。しかし、初めからうまくいっていたわけではなく、秋田藩の林政が軌道にのるのは、文化以後の加藤景林《かげしげ》らの力によるところが大きかった。植林・育成・伐採・山林保護はそれらを計画的に行なっていかなければならないのだが、そうして育てた杉材をうまく生かして使うには、運搬もまた大切なことであった。山奥で伐り倒された杉の木は、冬ソリによって川近くの貯木場までおろされ、雪解けとともに筏流しにされる。米代川は古くからその筏流しの川で、昭和四〇年ごろまで行なわれていたのである。

筏

米代川の筏は明治初期まで丸太の素材を組んだものではなかった。ホダギといって、長さ七尺（二・一メートル）の丸太の良質のところだけを厚い板のようにしたものであった。夏山で伐り倒された木は、その場ですぐ皮がむかれて冬を待つ。雪がくるとキコリたちは再びその夏の山にはいって造材する。それからソリで米代川支流の川岸までおろし、堤出しといって、せきとめた水の力を利用して本流近くまで流し送る。本流近くには矢来があってそれを受け止める。筏に組まれるのはそれからである。山での造材は大変だったが、この筏はきちんと組めたので流すのにはよかった。

そのホダギの筏が丸太のままの筏に変わるのは、明治一一年に、そのあたりが国有林に編入されてからだという。それには林用軌道による運搬方法の変化もある。国有林は秋田営林署の管理下におかれ、大正七年までは伐採と林用軌道による運搬は直営で、筏流しは民間の請負いになっていたが、その年を境に筏流しも営林署の直営事業となった。

その米代川の筏流しの様子は『恐るべき労働・第一巻＝山峡に働く人々』（三一書房）の中に見られる。

その記録は昭和三三年中ごろのもので、そのころ仁鮒国有林からは年間一四、五万石の木材が伐り出されていた。そのうち三万石は地元の製材業者に払い下げられ、残りが仁鮒貯木場から筏に組まれて能代まで運ばれた。戦後の流送量は昭和二一年一一万石、二五年一四万六〇〇〇石、二七年一五万六〇〇〇石と増えているのだが、その年をピークに流送量は減っていく。二八年一四万四〇〇〇石、三一年一三万六〇〇〇石、三三年一二万二〇〇〇石となり、三四、三五年は九万三〇〇〇石、一〇万八〇〇〇石と落ちこんでいる。それにつれて作業員の人数もへり、三〇年ごろには四〇人ほどいたのが三四年には三〇人になっている。そのうち一六人が貯木場で筏を組み、一四人が筏に乗って能代まで流した。

二四キロも奥の仁鮒国有林から林用軌道で運ばれてきた材木は、仁鮒貯木場の筏組み場で一六人の手にかかる。まず、二本の丸太をゴボナワというものでしばる。それを一コボといい、五コボで一枚（一艘）の筏ができる。組まれた筏は一晩筏止め場につながれ、翌朝、筏師の手で流される。筏には一枚に二人乗り、前の方に乗るのを「先乗」、後の方に乗るのを「船頭」といった。先乗は若い人や経験の浅い人で賃金も安かった。船頭は一人前の筏師で、筏はその船頭のアオリさばきで流れてゆく。

雪の多いこの米代川では、筏流しは春から秋にかけての仕事であった。営林署からは毎年四月一日に雇用され、月半ばまでは貯木場の整理や筏組み場の手直しに費やされる。筏乗り始めは一五日ころ、おそくても四月下旬には始まった。

筏組みの人たちの仕事始めは朝七時半からであるが、筏師たちは風の強くない午前中にいくらかでも遠くへ流そうと、六時半には止め場の綱をはずした。仁鮒から能代まで普通七時間、順調に流れると午後二時から三時ごろには到着する。到着すると水揚げの人たちに筏を渡して陸にあがり、能代からは汽車に乗って二ツ井駅におり、そこから二キロほど歩いて家に帰る。だから事故のない日は五時ごろまでには帰りついたが、ちょっと事故があると七時、八時、ときには能代に泊って翌朝一番の汽車で仁鮒に出勤するということもあった。

事故というのはゴボナワがゆるんでうまく流れなかったとか、杭や橋脚にひっかかったとか、ときには突風のために筏が立往生してしまうこともあった。恐ろしいのは水かさが増えたときで、春さきの雪解けのとき、また、豪雨で水位があがると、六時半に貯木場に集まって、出発順序のクジを引く前に筏を出すかどうかを相談した。水が二メートルを越えると米代川はすごい早さとなり、流れ方も普段のときとは違ってくる。それでも、二・五メートルぐらいまでは休みたくないために無理をして筏に乗った。

筏師は一カ月に二四日という標準作業日数がきめられていて、それだけはこなさなければいけなかった。それに賃金は出来高払いになっていて、休むとそれだけ手取りが少なくなった。

夏の渇水期にも困ることが多かった。筏は水深七〇センチ以下になるとうまく流れなくなる。日照りがつづくと五〇センチ以下になることも珍しくはなかったから、そんなときにはきまって浅瀬にのりあげてしまう。そうなると、ゴボナワをほどき、一個ずつに切り離して浅瀬を転がしたり引っ張ったりして進んだ。ときには丸太を一本、二本と流してしまったりして、能代まで三日もかかったりすることがあった。

それでも死者が少なかったのは、ドボンと落ちるところが水の上だったからで、「まんず、仕事のうちで一番なんぎするのも筏流しだし、一番楽するのも筏流しだス」という人もいたのである。

この米代川の筏流しもいまから一〇年ほど前に姿を消し、能代港でその名残りを惜しんで〈筏祭り〉が昨年まで行なわれていたが、それも筏を組む材木がなくなって、今はまったく見られなくなっている。

6 岩木川

流路

青森県の西部は、日本海側の津軽地方である。その中央部に広く展開する穀倉地帯、これが津軽平野である。本州北端の寒冷地に、米とリンゴの豊かな平野を恵んで、北辺の民の暮らしをささえ、社会と文化をつちかってくれたのは、ここを貫流する岩木川のはるかな流れである。津軽の人びとにとって岩木川は、まさしく〝母なる川〟にほかならない。

岩木川はその水源を、青森県の西南方、隣県秋田との県境にある泊岳《とまりだけ》に発している。山間部の西目屋村（中津軽郡）・相馬村（旧中津軽郡相馬村、現在は弘前市・岩木町と合併して弘前市となった）をうるおし、東進して平野部に入る。すなわち弘前市の西部を流れ、一転北に向かって南津軽郡藤崎町で、平川・浅瀬石川を合流する。そのまま北津軽郡板柳町・鶴田町を経て、五所川原市に至る。さらに西津軽郡稲垣村（現・つがる市稲垣町）・北津軽郡金木町（現・五所川原市金木町）・中里町（現・北津軽郡中泊町）と長い行程のはて、行き着くところは十三湖。ここで日本海に注ぐのである。全長一〇一・六キロで、東北地方有数の大河川である。

治水と開拓

地質時代の津軽平野は、広大な陥没湾であった。それが土地の隆起や、岩木川の運ぶ土砂の堆積で、しだいに陸地化したのだといわれる。有史以来も、久しい間ただアシガヤが茂るだけの、人も住めぬ広漠とした低湿地としてつづいてきた。

津軽の藩政が、ようやく軌道に乗った江戸時代の中期になって、この低湿地の干拓開田という難事業と取りくむことになった。津軽四代藩主信政が力を注いだ、新田開発事業がこれである。

津軽の野面（岩木山と津軽平野）

まず延宝二年（一六七四）に岩木川の掘替えを行ない、曲折した水路の調節から着手した。ついで両岸の築堤工事が進められ、寛文から貞享年間（一六六一―八八）の二八年間に、十数件の大工事が行なわれている。これと並んで、灌漑排水の作業も連続的に進められた。

この結果、五所川原新田・広須《ひろす》新田・木造《きづくり》新田など、岩木川の流域に村落と水田が造成され、これまでの荒涼とした低湿地がみごとに生まれ変わったのである。元禄七年（一六九四）の調べでは、藩の表高四万七〇〇〇石に対し、実収総石高は二九万六〇〇〇余石にのぼり、村数八二五カ村におよぶという大成果をおさめている。当時、全国諸藩がそれぞれ新田開発を行なっているが、津軽はその中でも最も大規模で注目をあつめた。

治水と開拓、この大事業の陰には、当事者の材料徴発、人夫徴用および計画遂行の苦心があり、数万の農民にも幾多の犠牲が強いられた。岩木川掘替えの総奉行になった武田源左衛門は、計数に明るく経済に長じていた。困難に屈せず、両岸四〇キロにおよぶ大堤防を完成し、また弘前市西方の川筋を、現在のように改修したのも彼であった。

治水の責めを果たした彼は、新田地方の検地を正確に実施して、藩財政の基礎を確立するなど、数々の功労があり、藩の要職についたのも当然であった。ところが五代藩主信寿の治世になって、たちまち彼を中傷する者があり、逆境の中で死罪という悲運で終った。

水害

岩木川最下流の中里町一帯の灌漑排水は、その後もなお十分ではなかった。そのために田地はいわゆるヤチ（湿潤地）で、田植えから稲刈りまで、ほとんど腰までの泥につかって農作業をした。腰切り田ともいい、耕作は難儀をしたばかりでなく、収穫量もまた乏しかった。田下駄・大足《おおあし》など、ヤチ田で沈まぬように足にはく農具も常用された。

岩木川の上流は極端な急勾配で出水が早く、下流は全くの平坦湿地帯で湛水の被害が大きい、という特性が指摘されている。したがって豪雨になれば、たちまち堤防が破れ大洪水となった。そのつど人家や家畜、橋が流され、田畑の作物が全滅して、流域の住民を苦しめた。

藩政時代の記録に見えるだけでも、岩木川の氾濫による水害は一〇〇回以上におよんでいる。中でも延宝八年（一六八〇）八月の洪水は、被害三三五カ村、田の損亡四万九〇〇〇石、流失家屋七九棟、流死人三六人、牛馬八九頭であった。元禄六年（一六九三）には、春から秋にかけて、九回の洪水に悩まされた。また寛政九年（一七九七）六月に、三日降りつづいた豪雨で氾濫し、木造新田・金木新田とも一帯水没した。この時、板柳町の川沿いに、数万匹の蛇が死んでいたという。五所川原では、尾根の上に居ること一日半、前代未聞の大洪水といわれた。

治水

災害と補修をくり返しながら、流域の人びとは明治になっても毎年のように、水害に見舞われる宿命からのがれられなかった。三好村《みよし》(現・五所川原市)の人びととの歴史も、水との戦いに終始したといってよい。三好村は県下一の水害地というレッテルまで貼られたことがあったほどである。この窮状を救おうとして明治二八年に、村長小野忠造は堤防築造に立ち上がったが、利害の反する近村との政争で実を結ばなかった。

昭和になっても七年、一〇年と水害がくり返された。一〇年八月の大水害では、五所川原の全戸数一八〇〇戸のうち、実に一五〇〇戸が浸水するという騒ぎであった。三好村に生まれた長尾角左衛門は、父祖以来の体験から治水に情熱を傾けた。村長から県会議員など、地方政治の要職にあって、常に改修促進運動の先頭に立ち、遂に大正七年、念願の国営による改修工事の実現をみるに至った。生涯を岩木川の治水に尽くした功労は大きい。

治水にまつわる人柱伝説がある。江戸時代初期の元和(一六一五―二四)のころの話である。弘前の西南、相馬村如来瀬《にょらいせ》に杭止《くいと》の堰というのがあった。川の増水で堰がたびたび破れ、村民が難儀した。堰神を祭る神官川崎権太夫は、堰の安全を祈願したが、容易に成就しなかった。そこで遂にわが身を犠牲にして村を救おうと決心し、白衣をつけ白馬にまたがって、激流の中に身を投じて人柱となった。

これから堰留めが完成し、その後はどんな大水にも破壊されることがなかった。下流六カ村の農民は深く感謝し、権太夫を堰神に合祀してその霊を慰めたのである。

岩木川の上流、西目屋村の渓流は、目屋渓《めやけい》とも呼ばれる景勝の地で、瀬にはアユがすみ、淵には川マスがひそむ別天地であった。流れをさかのぼった行き止まりに、砂子瀬《すなこせ》という八〇戸あまりの部落があった。夏は山間の田畑と林業、冬は炭焼きとマタギ（狩猟）をなりわいとする典型的な山村である。

ここに岩木川の洪水調節・灌漑・電源開発の多目的ダムが建設されることになった。八〇戸の民家は移転し、その故郷は湖底に沈んだ。昭和三四年からダムに貯水し、これを美山湖《みやまこ》と名づけた。この目屋ダムの完成で、岩木川氾濫の長い災害史に、ようやくピリオドを打つことになったのである。

交通

岩木川は、津軽領内の内陸水運の大動脈であった。すなわち、領内の物産は岩木川によって川口の十三港に送り、そこから日本海廻りの上方商船に積みこむのである。岩木川の途中の河港としては、弘前の浜ノ町・三世寺《さんぜいじ》・藤崎町・五所川原の湊《みなと》などがあった。

中でも板柳町には、川中に入江があって理想的な河港であった。ここの舟運の歴史は古く、津軽藩祖為信が、文禄二年（一五九三）上方にのぼるに当たって、ここを物資積出しの河港として下流の十三港に出し、日本海航路に接続させようとしたに始まるという。この時、海上安全の祈願所として海神を祭ったのが、いまの海童神社であるといわれる。

その後、寛文三年（一六六三）に藩の米蔵が設けられ、藩の川船五艘も配置されて、収納米を十三港まで船下げすることが始まった。しだいに発達して、元禄のころには、ここに六〇艘あまりの川船があって、流域の物資を運送していたという。木材・アシガヤ・薪・大豆・米などが、その主なるものであった。

明治の半ばごろでも、まだ川船の往来がにぎやかであった。中里町の古老たちの記憶にも、当時はまだ屋根葺きの材料として販路の広かったアシガヤを積んで、板柳まで川船で運び、帰りには五所川原で米を積んで帰った。その米は十三港から、北海道へ積み出されたという。

沈鐘伝説のある終点・十三湖

十三港に寄港した上方船によってもたらされた他国の物資が、川船で津軽内陸に運ばれたことはもちろんである。これにまつわる〝沈鐘伝説〟が、岩木川のほとりにも伝えられている。

正徳六年（一七一六）に、京都の釜座の名工が鋳造した二つの梵鐘が、はるばる上方船で津軽に送られて来た。川船に積んで岩木川を遡ろうとしたところが、にわかに天候が変わって暴風雨となった。船はあっというまに覆り、二つの鐘は十三湖の湖底に沈んでしまった。一つはようやく引き上げられて、五所川原の飯詰《いいづめ》にある長円寺に納められた。

ところがその鐘をつくたびに、鐘のひびきに応じて、湖底に沈んだ鐘も水面にかすかな小波を立て、長円寺の鐘の音にこたえるかのようなひびきを生ずるのを、聞くことがあるという。

よく晴れた日など、湖上に船を浮かべると沈鐘らしいものを見かけることがあって、これを確かめようとする者があれば、小魚が現われて水を濁してその跡を隠してしまうと伝えられている。

さて、明治も中期以後になると、しだいに内陸の道路が改修され、これに伴って荷馬車の陸運が進んで、岩木川の川船もいつのまにかその姿を消してしまったのである。

九　北海道の川

利尻山
利尻島
天塩川
天塩
名寄
留萌
石狩川
札幌
旭川
大雪山
空知川
北見
陸別
上士幌
釧路
帯広
十勝川
日高山脈
洞爺湖
支笏湖

1　石狩川

水源地

北海道の地図を広げると、中央部にひときわ色濃くぬられた山塊がある。大雪山を中心にした二〇〇〇メートル級の山々が連なり、昭和九年、国立公園に指定された一帯で、面積の広いことは、アメリカのグランドキャニオン国立公園に匹敵するといわれている。

大町桂月は大正一〇年、数日を費やして大雪の連山を踏破、その印象をこう語った。

「富士山に登って山岳の高さを語れ、大雪山に登って山岳の大きさを語れ……」

大雪は、昔、アイヌがヌタㇷ゚カウシペ（川の内ふところの大地の上にいつもいる山）、あるいはヌタㇷ゚カムイシリ（川の内ふところの大地の神の山）とよんでいた一群の山々、白雲岳・旭岳・北鎮岳・黒岳を総称した山名である。

まさに北海道の屋根である。

この北海道の屋根からは、四方に大きな川が流れている。とくに石狩川・天塩川・十勝川はその下流域に広大な平野をつくり、はかり知れない恵みとなっている。

イシカリ
豊かに稔《みの》れる石狩の野に
雁《かりがね》はるばる沈みてゆけば
羊群声なく牧舎に帰り
手稲のいただき黄昏こめぬ
……

これは日本の三大寮歌のひとつ、北海道大学の寮歌「都ぞ弥生」の二番である。このように歌われている〝石狩の野〟は、石狩川が生みだした大平野である。

北海道の地名は、ほとんどがアイヌ語地名に由来し、登別、幌別とか、静内、稚内というようにベツとナイのつく地名が多い。ともに「川」を意味することばで、ベツは「大きい川」、ナイは「小さい川」をさしたらしい。しかし、石狩川のような大河になると、ベツもナイもつけないで、単にイシカリといっていたようだ。

地名には、そう呼んだ人たちの心情がひそんでいるもので、イシカリについても、古来、多くの人がその解説を試みてきた。

例えば「北海道」の名づけ親の、幕末の探検家、松浦武四郎は、「イはイシヤムにして無為と云儀。シカリは塞ると云事にて、此川筋屈曲して先が見えざる故に」（『廻浦日記』）。アイヌはそう呼んだといい、また、明治前年、北海道庁の役人だった永田方正は、「イシカラ・ペツ　回流の意。初より全川に名づけたるにあらず」（『蝦夷語地名解』）といっている。新しいところでは、現在、アイヌ語地名研究では第一人者の山田秀三氏は、「イシカリは、発生的には恐らく石狩川のどこかの部分であったろう。しかし長い間に石狩川の総称として使われ、何処から発生したか判らなくなった。従ってその意味も判明しない。無理に解こうとすれば、地名説話を製造することになる」（『札幌のアイヌ地名を尋ねて』）という。

「石狩川の興亡史を書きたい」といった薄命の作家・本庄陸男は、小説『石狩川』のなかで、「いの一番にこの川を見つけたのは、肥え太った鮭の群であったろうか――」と書いた。

アイヌは鮭をカムイチェプ（神魚）といった。これは「鮭を主食と考えた時代のあったことを物語るものであり、そこからこの魚を特別に尊重し別格に扱おうとする心理も生れた」（知里真志保『アイヌの鮭漁』）と考える研究者もいる。

千歳川をのぼる鮭の大群（明治末か大正初め）

鮭

たしかに石狩川にのぼってくる鮭は豊かだった。この川の一つの支流、支笏湖から流れてくる千歳川では、明治の終りころ、秋になると、鮭の群が川の面に盛り上がるように背をだしてのぼってきた。その様子を写した写真が残されている。そのころ、千歳川のほとりにあった宿屋では、裏庭に池をつくって、川と細い水路でつないでおくと、朝、池には鮭があふれんばかり。客の求めに応じてそれを料理した、ということである。江戸時代には、石狩一三場所といって、一三の鮭漁の漁場が下流域にあった。

鮭は、春のニシンとともに干したり、くん製、塩ものなどにして北海道の冬の食膳には欠くべからざるものであった。また、たくさんの野菜と、ぶつ切りにした鮭をいれたみそ汁は、漁師の家の独特の料理であった。〝いしかり鍋〟というのは、いつからそういわれるようになったのか、このみそ汁のことである。

とき移り、この川にのぼる鮭が少なくなると、鮭の網ひきと〝いしかり鍋〟が一つの名物になり、石狩川川口では〝あきあじ祭〟が観光客に喜ばれるようになった。北海道人は鮭をふつう「あきあじ」という。秋の味という意である。しかし、ここ数年は、その〝あきあじ祭〟もできないほど、鮭は、この川に姿をみせなくなった。川の水がひどく汚れてしまったからである。

流域の人生

この川の流域は、産業・経済・政治・文化の上で北海道の中枢で、札幌市、旭川市など十指をこえる市がひしめき、北海道の総人口五〇〇万(平成二二年現在五六〇万人)のうち、二〇〇万人以上が、直接、間接に石狩川の恩恵に浴している。この大人口の吐きだす各種の汚水が、鮭から故郷をうばったのだった。

幕末、石狩川下流域を探検した近藤重蔵は、石狩平野を「エゾ地第一等の枢要の地」と幕府に復命したが、人口一二〇万の札幌(現・一八八万人)はこの平野の中心地。明治の初め、開拓使判官・島義勇が、自然林の真中に、京都を模して地割りした計画的な街である。まったく新しい都市づくりだったので、古いしきたりに束縛されることなく、寒地向け洋風技術をふんだんにとり入れた建物が建てられた。当時の明治建造物のなかには、例えば時計台のように、いま札幌のシンボルになっているものもある。

北海道第二の都市は、石狩川の上流、上川盆地の中心にある旭川市。人口は三二万(現・三五万人)。太平洋戦争前は北方防衛の軍都として栄えた街。戦後は、道北部の商業・交通・文化の中心的役割を果たしており、大雪山国立公園の入口という地理的優位性をもって観光都市の一面もある。また文化的雰囲気の高い都市でもある。たとえば、小・中・高校生の音楽コンクールでの全国優勝、公園や目抜通りにつくられた彫刻の森などは有名で、初雪の頃、赤い実をつけたナナカマドの並木は道行く人の目を静かに楽しませてくれる。

石狩川の流域一帯に人間が住みはじめたのは、最近の考古学調査によると、一万年をこえる旧石器時代からで、明治の頃には、札幌の近くでも、数百の群をなした住居群がいくつもみられたものだったが、近代的都市はそれらの遺跡の上につくられたのであった。

石狩川中流のカムイコタン付近

空知川

石狩川の中流に空知川という支流がある。明治二八年秋、一人の青年が、空知川のほとりに立って、そこに新しい自分の「独立自由の生活」を打ちたてようと考えた。二五歳のときの国木田独歩である。彼は、恋人佐々城信子に、

「北海道は実に壮大なる自然なり。漠々茫々たる大密林ほとんど予想の外に出で候……」

と、書き送っている。そして彼は「大密林」のなかで、こう感ずる。

「社会が何処にある、人間の誇り顔に伝唱する「歴史」が何処にある。此場所に於て、此時に於て、人はただ「生存」其者の、自然の一呼吸の中に托されておることを感ずるばかりである……」（『空知

川の岸辺』）

その独歩のときから四分の三世紀。石狩川の岸辺に住む二〇〇万の住民は、自然と一体化した夢をみた一人の青年など忘れてしまったようである。

治水

独歩や本庄が石狩川に夢を託した頃、この川の長さは三六五キロで、北海道第一の長流だった。もっと前、明治一九年の調査では三七三キロだった。ところが、改修工事が進められ、蛇行部分を切り捨てるショート・カットで、一〇〇キロ以上も短くなり、いまでは二五四キロ（昭和四九年四月）、首位を天塩川にゆずった（国土交通省北海道開発局の平成一七年の調査では石狩川は二六八キロ、天塩川は二五六キロ）。石狩川の長さの変遷は、自然に対する人間の干渉の歴史ともいえる。

奥地には大きな洪水調節のダムもできたので、もう石狩川はおとなしくなったと流域の住民は安心していた。ところが〝災害は忘れた頃にやってくる〟のことわざ通り、昭和五〇年八月二八日、台風くずれの大雨は、石狩川下流域の堤防を破って奔流となり、一夜にして、被害総額・数百億円をこえる大洪水を起こした。

石狩川は、まだ人間の自由にならない川だったのである。何千年、この川は、上流から土砂を運び、ときには洪水を起こしながら下流域に広い、豊かな平野を創造してきたのであるが、いまもその作業は続いているのだ。

冬になると、石狩の原野を二つに区切っていたこの大河は眠ってしまう。しかし、春、雪が解けだすと、川はまたごうごうと音をたて生きてくる。それを根気よくくり返してきたのである。

2　十勝川

川と風景

「十勝平原にもまだ人影は動いていなかつた。石狩や上川のよく開けた水田地帯を見慣れて来た眼には、日本人の畑作農業を誇るこの平野の眺めはいかにも大きくもあり、新しくもあつた。葉の落ち尽した落葉松の防雪林がとだえると、その平野の向ふに、日高山脈の諸連峯が迫つて来た。芽室岳・戸《と》蔦別《つたべつ》岳・幌尻岳といふやうな山々だつた。それらの山々は大雪山とか十勝嶽とかいふやうな、今まで親しんで来た山々とはまるでちがつたながめだつた。それらは秀麗などといふものではなかつた。むしろ無趣味なずんぐりとした山塊だが……」

これは『嵐のなか』に書かれている島木健作の印象である。

彼がこの本をだしたのは昭和一四年のことであるが、札幌から東に特急で三時間、狩勝トンネルを抜けて十勝に入って大きく変わる風景は旅行者の目をうばう。島木のいうように、石狩の水田にくらべて、十勝の大規模な畑作農業には大陸的な顔がみられるのである。

帯広

十勝の原野は、「三寸位の壌土の下に二寸位の厚さの火山灰がどこまでもどこまでも続いて」（吉田十四雄『百姓記』）おり、砂浜が水を吸いこむように、いくら肥料をたくさん与えても吸いこまれてしまう。そんなところに畑をつくってきたのだから、十勝の農民の苦労は並たいていではなかった。その苦労を描いたのが久保栄の代表的戯曲『火山灰地』だった。『火山灰地』の舞台は、

「……日本の北の涯ての農業都市／どこよりも雪解けが遅く／どこよりも霜の早く来る平原のなかに／ちゃうど皺だらけの農民の掌にのった／一粒の穀物のように小さな市《まち》――」

と、静かな朗読と音楽とではじまる。やがて舞台が明るくなると、ムシロを張りめぐらした丸太組みの歳の市の小屋が見える。まゆ玉や羽子板が吊り下げられているその店先には、生活にあえぐ農民や地主たち――。

この「小さい市《まち》」とは帯広市であるが、街の中を十勝川が流れている人口一五万の中都市であり、明治一五年、静岡県人依田勉三《よだべんぞう》のひきいる晩成社により開かれた町である。

晩成社は資本金五万円の開墾会社で、当初は慣れない農業のため逃亡者がでたり、ようやく畑が緑になったころ、押しよせたイナゴの大群に畑が全滅したり、さんざんの状況がつづいたものだった。

いま帯広市には〝ひとつ鍋〟という銘菓があるが、それは勉三たちが、食べるものが十分でなく、一同が、一つの鍋をつつきあいながら飢えをしのいだ苦しみをしのんでつくられた菓子である。

〝十勝〟もアイヌ語地名のトカプチからきたもので、川の名だけでなく、「十勝地方」というように広く使われていた。「川口が二つに分れ、乳房のように並び、無尽の乳汁を出す」（松浦武四郎）とか、「幽霊のこと」（永田方正）とか、「むやみに乾く」（J・バチェラー）などの解釈があるが、どうもほんとうの意味は忘られてしまったらしい。

十勝川には大小の支流があり、それらの支流は、北見や釧路・上川・日高への内陸交通路だった。昭和

四四年、忠類村で発見されたナウマン象も、氷河時代、まだ陸続きだった日本列島を南下し、十勝川のどの道かをたどってやってきたものであり、同じ道をナウマンを追いかけてやってきた人間の集団もあったようだ。

古い遺跡

十勝川の支流・士幌川の上流の上士幌町には、いまのところ、北海道では最古の遺跡がある。島木遺跡といい、二万数千年前の旧石器時代の人たちの生活の跡である。近くには、古代人が石器を作るときに材料にした黒輝石を多量に埋蔵する山がある。北海道には、黒輝石の産地がほかに二カ所あるが、十勝川上流のものが一番有名で、「十勝石」といって親しまれているほどである。島木遺跡でも十勝石でつくった石器が使われていた。

島木遺跡から川沿いに少し遡り、山越えすると、北見の常呂川上流になる。この川沿いにも旧石器時代の遺跡がたくさんある。また、旧石器時代に続く縄文時代人も、十勝川の幸によりながら、この平野に生活していたことを物語る住居跡群があちこちにみられる。

士幌川の東側には、これに平行して利別川《としべつ》というやや大きい支流があるが、その上流にある陸別町は、金田一京助・知里真志保共著の『りくんべつの翁』に出てくる、アイヌの酋長カネランの伝説のあるところ。

――むかし、ここには、カネランという大酋長がいて、力量・才量ともにすぐれており、十勝地方のアイヌは彼に従っていた。カネランは、さらに釧路にも力をのばそうと、利別川を下り、厚岸の酋長とも戦いを続けた――陸別町には、そのカネランが拠ったという大きな城跡がある。

城のことをアイヌ語ではチャシ、という。北海道には三〇〇近いチャシ跡が知られている。十勝地方だけでも四〇ほどある。丘の上や、小高い山の頂上部に数条の空壕をめぐらして、攻めてくる外敵と戦った、という伝承をもつものもある。しかし、非常に小さいものもあり、戦闘の場というよりも、祭場として作られたもの、また住居用のものもあったらしい。チャシという語には、柵とか家という意味もある。
カネランのものといわれるチャシは、十勝川流域にあるなかでは大きい方で幅、深さともに一〇メートルほどの壕が幾重にもめぐらされている。相当の労働力を投入して作られたに違いない。

十勝開拓者

このチャシのある丘の頂上には、関寛斎という人の顕彰碑が建っている。千葉県の人でこの町の開拓者。明治維新のときの官軍の軍医であり、軍医総監にもなる人だったが、上司と合わず下野。札幌農学校を卒業した息子の又一の経営する陸別の牧場に移住してきたのは、寛斎夫妻が金婚式を終え、七三歳のとき、明治三五年。ウサギ、ネズミの襲来、酷寒と闘いながら開拓の一〇年間、大正元年、八三歳で没。関翁と親交のあった徳富蘆花夫妻は、明治四三年九月、陸別に翁を訪ねているが、『みみずのたわごと』のなかで、こうしのんでいる。

「明治四十一年春四月ある日妙な爺さんが武蔵野の茅蘆に音づれた。北海道の山中で牛馬を飼つて居る関と云ふ爺と名のる。七十九歳だと云ふに、ちく然とした体格の立派さ、紅味ばしつた血色の好さ、杖もつかず足駄ばきだ。兎も角も上に請じて問はるるままにトルストイの消息など話す。爺さんは五十年来実行して居る冷水浴の講、元来医者で今もアイヌに施療して居る話、数年前亡くなつた婆さんの話などして、自分は婆の手織物のほか着たことはない。此も婆の手織だと云つて、木綿羽織の袖を引張つて見せた。面白い爺さんだと思ふた」

濃霧の十勝川河口

カネランにしろ、依田勉三にしろ、関寛斎にしろ、一人一人としてみればまったくつながらない人生であるが、しかし、十勝川の文化史を考える上では、色彩豊かな一連の物語である。

十勝も、帯広市は別として、天塩川流域と同様に過疎地帯であるが、それぞれ住民は、広大な寒冷地・火山灰地を福に転ずる生活手段の開発を進めている。池田町が町ぐるみで創造した〝トカチ・ワイン〟などはその好例。「トカチ」という響きのいい清音が味方してか、生産より需要が常に上まわっている現況である。

十勝から釧路にかけての海岸は、春の終りから夏にかけて、住民が「ガス」と呼ぶ濃霧がかかる。海風にのって寄せてくるガスが、十勝川を逆に上ってくる様子をみていると、アイヌが数々の神話を生みだした心情にひきよせられそうになる。

3　天塩川

川と人生

江戸時代の終り、日本海の留萌海岸を北上していた松浦武四郎は、もうすぐ天塩というあたりでこううたっている。

ながむれば　清ましろに　成にけり　てしほの浜の　雪の夕暮

天塩の海岸線は、曲がるともなくほとんど直線でどこまでも単調にのびている。とくに冬のこの海岸は、底知れずさびしさをひそめている。それゆえに、海上にうかぶ利尻山（一七一九メートル）の端正な姿は、ときに神々しくみえることがある。富士山に似ているので利尻富士ともいう。

武四郎が詠んだ「てしほ」なる地名は、天塩川に由来する。もちろんアイヌ地名であり、武四郎の『天塩日誌』はこう書いている。

「本名テシウシなるを、何時よりかテシホとつまる也。テシは簗の事、ウシは有との意なり。此川底は平磐の地多く、其岩筋通りて簗柵を結びし如く、故に名づけしと。また土人の言に簗と有る物は、太古此川筋に石の立並べる処有るを、神様が見て始めし物ともいい伝えたり」

いまの天塩川には岩が簗のようになっているところはない。往時、隆盛をきわめた丸太の流送などで川ざらいされたためであるが、この地名がついた頃は、中流域に多くの岩があった。そういう地形から、この名が起こったものだろうと、山田秀三氏は解答を与える（『北海道の川の名』）。石狩川と並んで日本海に注ぐ川であるが、ショート・カットや築堤などがおくれており、石狩川にくらべるとまだまだ原始性が強く、いまは北海道で一番良い川である。

北海道に生まれ、限りない愛情で北海道をうたい続けている詩人更科源蔵氏は、天塩川と人間のふれあいの知られざる風景を『北海道・草原の歴史から』の中で次のようにスケッチする。

集まった男たちの自己紹介が一応終ると、それまで隅の方に黙って坐っていた老婆が控え目に重い口を開き、柏の根のように節くれだった手をいとおしむかのようにさすりながら目を伏せた。この人たちは明治三十六年、開通したばかりの汽車で名寄まで来て、そこからさらに八日間天塩川に沿うてくだり、Tという小川のほとりの土地に初めて入地した八戸の愛知県団体であった。……奥地の方に未開の大沃野があると知らされ、……現地に入ったのが十一月の末で、雪はすでに一メートルを越していた。

老婆の一言で、それまでの何か堅苦しい空気がほぐれ、急に皆がガヤガヤと喋りだした。

「本当にね、カラスが私たちを見つけて来たのが入地して半月くらいからだな。〝カラスが来た、カラスが来た〟と言って、初めて自分たちが世の中から認められでもした子供みたいに大騒ぎをしてさ、それからスズメが来たのは一月くらいしてからだな、あんときも大騒ぎした」

……

「私たちの入る前に木材屋が入っていて、造材をして天塩川を流送していたのです。その造材小屋が二軒あったので、とりあえずその笹小屋に四戸ずつ分れて入りました……」

……

「夜になるとネズミがひどくてね……それで猫が大事にされましてね、子供が猫をいじめたりすると〝お前たちより大事なんだぞ〟と言ってどやされたものです。猫はネズミを食いきれずあっちにもこっちにも積んであるんです。人間の方は食物がなくてフウフウいってる時によ……」

観光用に復活した筏流し

川と生産

天塩川は、大雪山系の北端にある天塩岳（一五五八メートル）が水源で、しばらくは、石狩川と逆に北に向かって流れるこの川には、両側に天塩山地と北見山地が平行している。天塩川流域の開発は、更科氏のスケッチの一端からもうかがえるように、両山地の森林資源の利用からはじめられた。

明治二七、八年の日清戦争後の一〇年間の日本は、対ロシア政策に腐心し、朝鮮進出をはかっていたが、当時、北海道で山林、鉱山に広く手をだしていた三井物産は、道産枕木を移出してその一翼をになっていた。天塩川奥地の森林も、当然、注目されていた。輸送手段は、伐り出した丸太をそのまま川に落として川口まで流送、港の施設がなかったので、沖に停泊している汽船まで筏を組んで運び積みこまれる——天塩川川口にある天塩町は筏で生まれた町だった。ここから積み出される丸太のなかには、例えば、アカエゾマツのように、楽器材として特にすぐれており、天塩松と呼ばれてもてはやされたものもある。

しかし、この天塩も、森林資源の枯渇とともにみるかげもなくさびれてしまい、酪農地帯として再生をはかっている。最近は、盛時の流送をしのんで、八月のお盆の頃、〝天塩川まつり〟と称して、筏流しの技術と木やり節の保存伝承の行事が観光客を喜ばせている。

天塩川流域には、石狩川のように大人口をかかえる都市はない。過疎化傾向に悩んでいるところが多いが、それぞれ地域的特色を生かした新しい生産体系の確立を目ざしており、健康な息吹きが感じられる。

下流域の酪農のほか、中流域では、名寄市のように寒地農業対策として、センキュウ、トウキ、シャクヤク、ニンニクなど薬用植物栽培に明るい展望が開けつつある。

川と文化

天塩川も下流に広い平野をつくっているが、その大半は湿原で、サロベツ原野と呼ばれている。日本海を渡ってくるシベリアからの寒風が、沼地の水草を押し倒し、押し倒し、腐れきれないで泥炭化した一帯である。砂丘のかげには、何百年かたったカシワ林がみられるが、強風から逃げようとして、太い幹が地上をはっているのは、みごとな造形である。

そんなカシワ林のところどころに、数メートルに満たないくらいの円形の凹みがある。数百年前にそこに住んでいた人たちの住居跡だ。考古学者は彼らが使った特色ある土器にちなんで擦文文化人と呼んでいる。おそらく、アイヌに直接つながる人たちだったろう。天塩川沿いからオホーツク海岸の北見地方に抜ける小沢や峯の道には、マタ・ル（冬・道）、サク・ル（夏・道）という地名が残っている。あるいは、擦文文化人がきり開いた道の文化史であるかもしれない。

海上にうかぶ利尻富士は、その頂に残雪のある頃、サロベツ原野に咲き乱れるアヤメのお花畑から見るのが一番美しい。

厚生省薬用植物試験場（現・独立行政法人医薬基盤研究所薬用植物資源研究センター北海道研究部）のケシ畑（『市勢要覧 なよろ '71』より）

おわりに

日本人の旅行の歴史を、いろいろの角度から見ていく書物を毎年二冊ずつ出してはどうかと故馬場副社長、大野旅館連盟会長のおすすめで出しはじめて、これで九冊目になる。そしてこういう仕事は一〇年もつづけば大したものだがと思っていたが、年数から言えば一〇年、刊行が一年欠けたので九冊にまで達した。そして今回は川をとりあげた。日本は川の多い国である。いたるところに川がある。その川がわれわれにどんなかかわりあいをもったかを見てゆきたいと思った。

巻頭に書いたが、山間と海岸を結ぶためのもっとも大きな役割を果したのは川であった。道らしい道のなかったとき、山奥ふかく人のわけ入ったのは川に沿うてであった。また山中から川に沿うてゆけばかならず海に出ることができた。日本の川には悠々として流れる大きなものはまれであったが、それでも船をかよわせることのできる範囲は船を利用してさかのぼられるところまでのぼっているし、山中で大木を刳って、船を造ることもしばしば見られた。

それればかりではなく、東日本の川にはサケやマスののぼるものが多く、それをとって食料とし、生活をたてた人もはるかな古代にはきわめて多かった。そのことは縄文時代の遺跡を見ればわかることで、縄文時代遺跡を地図にのせてみると、長野県から東にきわめて高い密度を示し、西日本はずっと少なくなる。

しかも日本の川は上流に盆地を持っているものが多く、盆地には早くから多くの人の住んだことも、そこに海と盆地を結ぶ川のあったことも見のがしてはならない。そして内陸の文化の中には海岸から川をさかのぼって奥地にひろがっていったものもあっただろうが、山間から海岸地方へ押し出されていったものも少なくなかったのではなかろうか。たとえば川漁に用いる漁具などは川の上流または支流あるいは内水面などで発達したものが多かったかと考える。

筌《うけ》であるとか杁《えり》であるとかいわれるような漁具はその発生が内水面であり、鵜縄のように魚を追う漁具も同様であっただろう。

このように内陸と海岸の文化の交流の道となり、灌漑用水に利用し、多くの人びとの生活を支え、時には洪水をおこして人びとを災害にまきこみ、時にはまたその風景が育くんだであろうところの、川と人間とのかかわりあいを見てゆこうとするのが本書の主旨であった。

しかし本書を予定の頁数にまとめるために、割愛した川も少なくない。それについては本書がさらに増補をゆるされる日を期待したいと思っている。

なお本書は地方在住の方々に御協力を願い、日本観光文化研究所からは宮本・田村・須藤・山崎が参加し、次のような執筆者によってまとめたものである。

川の利用	宮本常一
球磨川	牛島盛光
筑後川	堤　元
遠賀川	田村善次郎
肱　川	森　正史
那賀川	田村善次郎
吉野川	高木秀樹
錦川・太田川・阿武川・江ノ川	宮本常一

高梁川・旭川・吉井川　湯浅照弘
高津川　大庭良美
斐伊川　山崎禅雄
加古川・大和川・熊野川　宮本常一
淀　川　高谷重夫
琵琶湖　橋本鉄男
紀ノ川　岸田定雄
木曾川・天竜川・富士川　田村善次郎
信濃川　滝沢秀一
相模川　和田正洲
多摩川　田村善次郎
利根川　日向野徳久
阿武隈川　宮本常一
北上川　竹内利美
最上川　今田信一
雄物川・米代川　須藤　功
岩木川　森山泰太郎
石狩川・十勝川・天塩川　藤本英夫

以上湖一、川三六にわたる。幸い執筆者各位の御協力は大きく、各川に関する写真も執筆者の提供するものが多く、そのほかは須藤功の撮影によるものが多い。なお割愛された川のうち主なものをあげてみると、那珂川・荒川・神通川・九頭竜川・安倍川・大井川・千代川・物部川・仁淀川・耳川・大淀川などがある。それぞれその地域で大きな役割を果している。そのほか小さい川にも重要な交通路であった新河岸川のような川もある。

最後に本書の企画編集にあたって近畿日本ツーリスト久保常明社長の御厚志が大きい。また協定旅館連盟からは例年のごとく年初に督促があり、御協力の趣旨が示され、それによって、企画編集の集まりを持ち、このような体裁でまとめられたものである。

また編集出版にあたって八坂書房主八坂安守氏・社員関徹氏の御協力が大きい。春企画をたて、夏調査執筆、九月とりまとめて原稿を八坂書房へ渡す約束なのだが、どうしても十月半ばになる。それを十二月初旬には本にする。御苦労のこと重々承知しながら、よく引受けていただいている。このようにして多くの方々の御協力によって本書は生れた。ここに謝意を表したい。

昭和五〇年一一月一三日

宮本常一

解説

田村善次郎

「川の道」の元版は昭和五〇年一二月二〇日に発行されている。「山の道」に続く第九冊目である（「旅の民俗と歴史」全一〇巻）。

日本人の暮らしの中で、川の果たしてきた役割はたいへん大きいものがあるが、そのことを具体的にとりあげて論じたものはこれまでほとんどない。このシリーズは文庫版で、枚数も限られており、とてもすべての問題を詳説することは出来ない。しかし、川が人や物資交流の道として利用され、我々の生活にどのように関わり、どのような意味を持って来たのか、そしてどこに問題があるのかを概観できるようなものにはしたい。そのために一つ一つの記述は短くても、事例はたくさんあった方がよい。主要な川を出来るだけ多く取り上げてみたい。始めに全体をみとおせるものにしておくのが良いから、というのが先生の意見であった。たくさんの川を取り上げるということになると内部の者だけではカバー出来ないので地方同人としてご協力いただいている先生方に執筆をお願いすることになり、これまでの八冊とは若干ことなった体裁をとることになったのである。

先生の構想のなかには、これを手掛りとしてさらに川の持つ問題を掘り下げていこうというお考えがあったのだが、それはこれまで果たされないままに来ている。川船や川漁などについては日本観光文化研究所の仲間によって調査が進められているのだが、まだまとめにはいたっていない。このシリーズに関わってきた一人として気に掛かっていることのひとつである。

私がいま住んでいる家のすぐ裏を玉川上水が通っている。通勤の往復には上水ぞいの道を利用しているのだが、その途中に架かっている小川橋の袂に石橋供養塔が立っている。小川橋は旧小川村と砂川村の境に架かる橋で上水に架けられた橋の中ではもっとも早く架けられたものの一つであるという。この供養塔は碑文によると、天保一三年（一八四二）に小川村、砂川村中の人々によって建立されたものであり、江戸―所沢道の道標も兼ねている。この供養塔が建てられた理由は碑文からは判らないが、小川橋より上流、五日市街道が上水を渡る所に架けられている天王橋の側にある供養塔には「昔の橋が洪水で流された時に被害をうけた人の供養とその後十余年たって完成した石橋を架けるのに苦労した人々の供養のために建立した」と刻まれている。気をつけて見ていくと、この辺りの古い道筋に架けられている橋の側には、石橋供養塔のある場合が多い。石橋供養塔を建てる直接の契機は天王橋の碑に記されているような事だったにしても、本当の理由はもっと奥深いところに潜んでいるのではないかとおもわれる。石橋供養塔の建てられているのは村境に架けられている橋の側である場合が多い。

本書、「川の道」では道としての川に焦点をあてており、人や物の往来、交流を中心にしているので殆ど触れられてはいないのだが、川はこちらと向こうをへだて界するものでもある。私たちの古くからの認識のなかでは向こう岸・彼岸は他界とも考えられている。橋はその界なる川に架けられてこちら側と彼岸をつなぎ、出口であると同時に入口でもある。界には外からくる悪霊を防ぐ神を祀り人々は日々の平安を祈った。石橋供養塔は被害にあった人の供養のためばかりでなく、界の神としての役割をより強く持つものではないかと思う。いま私は界としての川、橋に大きな関心を持っている。

編著者
宮本常一（みやもと・つねいち）
1907 年、山口県周防大島生まれ。
大阪府立天王寺師範学校専攻科地理学専攻卒業。
民俗学者。
日本観光文化研究所所長、武蔵野美術大学教授、
日本常民文化研究所理事などを務める。
1981 年没。同年勲三等瑞宝章。
著書：「日本人を考える」「忘れられた日本人」
「民具学の提唱」「日本文化の形成」
「日本の宿」「庶民の旅」「山の道」など。

本書は、昭和 62 年に「旅の民俗と歴史（全十巻）」の
第九巻として刊行された『川の道』の新版である。

川の道

2009年 10月26日　初版第 1 刷発行

編著者　宮本常一
発行者　八坂立人
印刷・製本　モリモト印刷(株)

発行所　(株)八坂書房
〒101-0064　東京都千代田区猿楽町1-4-11
TEL.03-3293-7975　FAX.03-3293-7977
URL.: http://www.yasakashobo.co.jp

ISBN 978-4-89694-944-5

山の道

宮本常一編著　落人、木地屋、マタギ、ボッカなど、山間秘境を放浪し生活を営んだ民の暮しぶり、また往来に欠かせぬ間道、峠道の果した役割、山の市場・湯治場についてなど、「旅の達人」宮本常一が描く、山間往来・放浪の生活文化誌。

１８００円

川の道

宮本常一編著　川は日本人にどのようなかかわりあいをもっていたか。川は漁労や治水にのみならず、人や物資交流の道として、山と海を結ぶ重要な役割を果していた。日本の主な河川37をとりあげて、それらの川の果たしてきた人間とのかかわりあいの歴史を綴る。

１８００円

日本の宿

宮本常一編著　なぜ人は旅をするようになったのか。そして日本の宿はどのように発達してきたのか。宿の起こりから、庶民の宿・商人宿・信者の宿・旅籠・温泉宿、さらにはホテル・下宿まで、宿が持つ機能や役割を説き、今までの旅の姿と、日本の宿の歴史を描く。

１８００円

庶民の旅

宮本常一編著　旅好きな日本の人びとは、いかに楽しみ、また苦労して旅をしてきたのか。風来坊・僧侶・百姓・町人・文人・芸人などの民衆は、何を求め、どんな格好で、どんな方法で旅をしていたかを、記録に残る具体例を豊富にあげながら親しみやすい庶民の旅姿を描きだす。

１８００円

（価格は本体価格）